2026학년도

초·중등 보건교사 임용고시 대비

김이지
보건임용 인출노트

정신간호학 ②

본 교재는 **2026 김이지 보건임용 정신간호학 02(이론서)**
와 함께 활용하세요!

이책의 머리말
PREFACE

김이지 보건임용 인출노트 활용 Tip !

1 김이지 전공보건 2권 (정신 간호학 2권, 이론서)와 함께 복습하기

- 정신 간호학 2권(이론서)와 함께 복습하되, 처음부터 인출이 되지 않더라도 책을 보지 않고, "키워드"를 써보는 연습을 하기
- 목차 구성도 인출시험지 순서도 모두 이론서 교재 순서대로 배치되어 있으므로 순차적으로 복습하기

2 인출되는 개념과 인출되지 않은 개념을 구분하기

- 주요 키워드가 완전히 인출되는 개념과 인출되지 않은 개념을 별도로 표시해두고, 인출되지 않은 개념 위주로 공부하는 것이 중요함
- 암기는 머리에 넣는 것이 아니라, 머릿속에 있는 것을 끄집어 내는 것인 "인출"임을 다시 한번 명심할 것

3 완벽성에서 벗어나기

- 하반기에는 깨진 항아리에 물 붓기 같은 느낌이 들면서 "왜이렇게 인출이 안되지? 난 그동안 뭐했지?"라는 생각에 자책을 하는 경우가 많음
- 유연하게 공부하되 키워드는 꼼꼼하게 외우자!

4 인출노트는 처음에는 연필로 작성하고, 뒤에 볼펜으로 작성하기

- 한두번의 인출로 완벽한 답지를 쓸 수 없기에, 처음에는 인출노트를 연필로 작성해보고, 추후에 볼펜, 색볼펜으로 작성하여 최소 3번이상 인출해보기

5 주요 제목과 개념에 대해 "익숙"해 질 것

- 처음보는 낯선 제목과 개념들에 대해 익숙해져야 암기가 되므로, 개념들의 제목들을 반복해서 볼 것
- 주요 제목과 개념을 알아야 세부내용을 암기하고 이해할 수 있음

본 교재는 출제비중이 높은 지역사회간호학의 복습과 공부한 것에 대한 '인출'을 위한 교재입니다.

인출의 효과 및 중요성은 아래와 같습니다.

1 기억 강화

- 뇌는 인출 과정을 통해 공부하였던 기억을 더 강하게 만들고, 장기기억으로 전환시키려는 경향이 있습니다.
- 단기기억과 장기기억 모두를 높이며, 기억저장과 유지에 '인출학습'이 최고의 학습법입니다.
- 즉, 장기기억에 '인출'은 매우 효과적이므로, '인출'연습을 통해 시험당일에 정답을 쓰고, 합격할 확률이 매우 높아집니다.

2 학습효과 증진

- 단순히 교재를 반복해서 읽거나 복습하는 것보다 '인출'이 학습효과를 더 증진시킵니다.

3 기억의 정확도 증진

- 반복해서 인출하면 기억의 오류가 감소하고, 기억의 정확도가 높아집니다.

4 이해도 증진과 지식의 체계화

- 학습된 정보 간 연결도 증진되며, 학습된 지식 간 연결도 강화도어 지식이 체계화됩니다.

5 부족한 부분을 명확히 알게 됨

- 기억에서 정보를 꺼내는 연습인 '인출'을 통해 내가 '아는 것'과 '모르는 것'을 명확하게 알게 해줍니다.
- 즉, 내 자신이 부족한 부분이 무엇인지를 명확하게 알게 해주어, 집중적으로 공부할 부분이 어디인지 알게 해줍니다.

이책의 머리말
PREFACE

6 시간 대비 효율이 높음

- 처음에 인출을 할 때는 시간이 많이 걸린다 생각되지만, 결국 시간 대비 효율이 가장 높은 학습법은 '인출학습'입니다.

7 시험당일 회상이 쉽게 됨

- 배운것을 회상함으로써 기억이 탄탄해지고 기존 지식과의 연관성이 강화되어 시험당일 정답을 회상하기 쉬워집니다.

실제 "인출"을 하지 않으면, 실제 "아는 것"이 아닌 "안다고 생각하는 것"만 쌓이게 됩니다.

'김이지 전공보건 인출노트'를 기반으로 반복해서 인출한다면 합격의 길은 멀지 않을 것이라 확신합니다.

여러분들의 합격을 기원하고, 응원합니다!

2025년 4월

저자 김이지

이책의 목차 CONTENTS

- PART 01 인간의 정신역동적 이해 ········· 7
- PART 02 인간의 생물학적 이해 ·········· 21
- PART 03 인간의 발달적 이해 ············ 27
- PART 04 정신건강간호의 이해 ··········· 35
- PART 05 치료적 관계와 치료적 의사소통 ···· 39
- PART 06 이상행동의 이해 ··············· 53
- PART 07 정신건강관련 이론과 치료 ······· 75
- PART 08 인지치료 ······················· 91
- PART 09 집단정신치료 및 가족치료 ······· 99
- PART 10 정신과 약물의 이해 ············ 121
- PART 11 아동기와 신경발달장애 ········· 125
- PART 12 조현병 스펙트럼 및 기타 정신병적 장애 ··· 137
- PART 13 양극성 및 관련 장애와 장애 ····· 145
- PART 14 우울장애 ······················ 153
- PART 15 불안장애 ······················ 169
- PART 16 강박장애 ······················ 181
- PART 17 파괴적, 충동조절, 그리고 품행장애 ········ 187
- PART 18 외상, 스트레스 관련 장애 ······· 193
- PART 19 해리 장애 ····················· 201
- PART 20 신체증상 및 관련장애 ·········· 203
- PART 21 급식 및 섭식장애 ·············· 209
- PART 22 배설장애 ······················ 217
- PART 23 성관련 장애, 젠더 장애 ········ 219
- PART 24 신경인지장애 ·················· 225
- PART 25 수면-각성 장애 ················ 229
- PART 26 성격장애 ······················ 241
- PART 27 자살과 비자살적 자해, 위기간호 ········ 249
- PART 28 정신건강 법적 윤리적 상황 ····· 255
- PART 29 물질 관련 및 중독 장애 ········ 259

PART 01

인간의 정신역동적 이해

1 의식의 구조(수준) (Freud)
2 성격의 구조 (Freud)
3 방어기전 (방어기제)

1 전의식의 기능 2가지를 쓰시오.

2 다음은 의식에 대한 내용이다. ㉠, ㉡의 빈칸을 채우고, ㉢의 개념을 쓰시오.

- (㉠)에 의해 조절되며, 논리적이며 합리적이고 신중하게 행동하도록 이끌어줌
- 대부분 (㉡)와 일부 초자아로 구성됨
- ㉢ 현실적, 논리적, 합리적, 체계적인 사고로 현실과 부합되는 사고과정임

3 자아(ego)의 기능을 3가지만 쓰시오.

4 이드(id)의 개념을 쓰고, 이드(id)의 기능을 쓰시오.

5 초자아의 개념을 쓰고, 초자아의 원칙 2가지를 쓰시오.

6 초자아의 요소 2가지를 쓰고, 각 개념을 설명하시오.

7 다음은 초자아에 대한 설명이다. ㉠~㉣의 빈칸을 채우시오.

- 초자아는 3~6세에 발달하며, (㉠)과정을 통해 발달, 청년기까지 발전함
- 초자아의 기능은 개인의 (㉡)에 중요한 기능을 하며, 도덕적 표준이나 사회적 이상으로 옳고 그름을 판단함
- 초자아가 약해 이드의 충동을 억제하지 못할 때 (㉢)성격이 되며, 초자아가 강해 이드를 억제할 때는 (㉣) 성격이 됨

8 프로이트(freud)의 '신경증적 불안'과 '도덕적 불안'의 개념을 서술하시오.

9 방어기전의 개념을 쓰시오.

10 방어기전의 특징을 모두 쓰시오.

11 성숙한 방어기전인 '이타주의'의 개념을 쓰시오.

12 성숙한 방어기전인 '승화'의 개념을 쓰시오.

13 아래 예시의 방어기전 명칭을 쓰고, 개념을 서술하시오.

- '아버지를 점점 미워하게 된 현경이는 최근 가출하고 싶은 생각이 들었지만, 그래서는 안된다고 스스로 달래며 참고 있는 중이다.'

14 방어기전 중 의식적으로 사용하는 방어기전 1가지의 명칭을 쓰고, 개념을 서술하시오.

15 아래 예시의 방어기전 명칭을 쓰고, 개념을 서술하시오.

- '부모의 학대로 벗어난 자녀가 7세 이전에 일어났던 일들은 아무것도 기억하지 못하는 경우'

16 아래 예시의 방어기전 명칭을 쓰고, 개념을 서술하시오.

- '정신과 의사가 아들을 조현병으로 진단내렸는데, 어머니가 아들은 고3이라 힘들어서 그런것이지 아무 문제가 없다고 하며, 의사선생님 잘못 진단한 것이라고 하는 경우'

17 아래 예시의 방어기전 명칭을 쓰고, 개념을 서술하시오.

- '17세 여학생이 실력이 없어 시험점수가 안좋게 나오자 시험 당일 컨디션이 좋지 않아 시험을 잘 볼 수가 없었다고 말하는 경우'

18 아래 예시의 방어기전 명칭을 쓰고, 개념을 쓰시오.

- '직장에서 최근 해고를 당한 40대 남성이 해고당한 사실에 대해 감정이 배제된 채 다른사람 이야기 하듯 무덤덤하게 이야기하는 경우'

19 아래 예시의 방어기전 명칭을 쓰고, 개념을 서술하시오.

- '자해한 학생이 웹툰 주인공이 친구관계에서 받는 스트레스를 스스로 상처내면서 푸는 것을 보고 따라해 봤다고 하는 경우'

20 아래 예시의 방어기전 명칭을 쓰고, 개념을 적으시오.

- '착했던 네가 아빠에게 대들다니 내가 교육을 잘못 시킨 탓이다.'라고 말하는 경우

21 아래 예시의 방어기전 명칭을 쓰고, 개념을 서술하시오.

- 술을 마신 청소년이 "내가 술을 마신 것은 다 아빠 때문이야."라고 말하는 경우

22 방어기전 '합일화'의 개념을 쓰시오.

23 아래 예시의 방어기전 명칭을 쓰고, 개념을 서술하시오.

- 사랑하는 사람을 잃었을 때, 그 상황을 "생명의 자연스러운 순환"이라고 이야기하는 경우
- 유방암 선고를 받은 환자가 슬픔의 감정을 표현하기 보다는 암치료와 관련된 논문에 대해서만 이야기하는 경우

24 아래 예시의 방어기전 명칭을 쓰고, 개념을 서술하시오.

- '시험당일 등교하면서 오른쪽 팔에 마비가 나타나서 응급실을 방문하였고, 당일 오후 호전을 보여 귀가한 경우'

25 아래 예시의 방어기전 명칭을 쓰고, 개념을 서술하시오.

- '파티를 주최한 주인이 싫어하는 손님에게 친절하게 대하고 맛있는 음식을 주는 경우'

26 아래 예시의 방어기전 명칭을 쓰고, 개념을 서술하시오.

- '상사에게 꾸지람을 듣고, 집에 와서 아내에게 소리지르고 화풀이하는 경우'

27 아래 예시의 방어기전 명칭을 쓰고, 개념을 서술하시오.

- '비서에서 추파를 던지고 난 후, 아내가 원하는 가방을 사가지고 선물하는 경우'

28 아래 예시의 방어기전 명칭을 쓰고, 개념을 서술하시오.

- '맞벌이하는 엄마가 아들에게 신경써주지 못해 미안함에 고액의 용돈을 주는 경우'

29 아래 예시의 방어기전 명칭을 쓰고, 개념을 서술하시오.

- '등교를 앞둔 아동이 머리가 아프고, 배가 아프다고 하는 경우'

30 아래 예시의 방어기전 명칭을 쓰고, 개념을 서술하시오.

- '25개월 아동이 동생이 태어난 후 젖병을 요구, 동생 젖병을 물고 누워서 맘마 먹는다고 아기처럼 말하는 경우'

31 아래 예시의 방어기전 명칭을 쓰고, 개념을 서술하시오.

- '20세 여성이 스트레스 상황시마다 손가락을 입에 물고, 흡연을 하는 경우'

32 아래 예시의 방어기전 명칭을 쓰고, 개념을 서술하시오.

- '소아마비를 가진 아동이 공부를 잘해서 한의사가 된 경우'

33 아래 예시의 방어기전 명칭을 쓰고, 개념을 서술하시오.

- '비행청소년이 자신을 꾸짖은 교사는 무조건 나쁜사람이고, 자신의 친구들은 무조건 좋은 사람이라고 하는 경우'

34 아래 예시의 방어기전 명칭을 쓰고, 개념을 서술하시오.

- '평소에 아버지에게 불만이 있던 아들이 아버지의 심부름에 대답하지 않고, 꾸물거리며, 일부러 심부름을 늦게 해주는 경우'

35 방어기전 '저항'의 개념을 쓰시오.

36 방어기전 '평가절하'의 개념을 쓰시오.

37 방어기전 '왜곡'의 개념을 설명하시오.

38 아래 예시의 방어기전 명칭을 쓰고, 개념을 서술하시오.

- '친오빠를 좋아하는 여동생이 오빠와 닮은 청년과 결혼하는 경우'

39 방어기전 '해리'의 개념을 쓰시오.

PART 02

인간의
생물학적 이해

1 뇌 신경계의 구조와 기능
2 뇌신경계 검사
3 신경전달물질

1 브로카 실어증은 뇌의 어느 부위의 손상으로 발생하는지 쓰고, 브로카 실어증의 개념을 쓰시오.

2 베르니케 실어증은 뇌의 어느 부위의 손상으로 발생하는지 쓰고, 베르니케 실어증의 개념을 쓰시오.

3 뇌의 변연계 기능을 모두 쓰시오.

4 변연계 중 '편도'의 기능을 쓰시오.

5 시상하부의 기능을 모두 쓰시오.

6 뇌의 기저핵의 기능을 모두 쓰시오.

7 뇌간의 망상활성계(망상계)의 기능을 서술하시오.

8 뇌간 중 '청반'의 기능을 쓰시오.

9 모노아민 신경전달물질인 '도파민'의 기능을 쓰시오.

10 모노아민 신경전달물질인 '노르에피네프린'의 기능을 서술하시오.

11 모노아민 신경전달물질인 '세로토닌'의 기능을 서술하시오.

12 다음에서 설명하는 신경전달물질을 쓰시오.

- 기억의 등록에 관여하며, 수면-각성주기에 영향을 미치며 기분조절을 하고, 부교감 신경계를 자극함

13 다음에서 설명하는 신경전달물질을 쓰시오.
- 공격성, 흥분, 불안의 감소로 진정, 항불안, 최면, 근육이완 작용을 함

14 다음에서 설명하는 신경전달물질을 쓰시오.
- 기억형성과 학습에 관여하며, 신경독성작용으로 신경세포기능을 파괴함. 또한 신경계 성숙에도 관여함

15 다음에서 설명하는 신경전달물질을 쓰시오.
- 도파민 방출에 영향을 미치며, 통증조절과 기분조절을 함. 스트레스에 대한 저항을 키움

16 다음에서 설명하는 신경전달물질을 쓰시오.
- 감정(기분)에 관여하며, 통증수용체 감수성을 증진하여 통증을 일으킴

PART 03

인간의 발달적 이해

1 정신성적 발달이론
2 정신사회적 발달이론
3 대인관계 발달이론
4 분리개별화 이론
5 매슬로우 욕구단계 이론 (욕구계층 이론)

1 정신성적 발달이론에서 '항문기'의 발달과업을 쓰시오.

2 정신성적 발달이론에서의 '항문기적 성격'에 대해 설명하시오.

3 정신성적 발달이론에서 '남근기'의 발달과업을 쓰시오.

4 정신성적 발달이론에서 '남근기'의 발달과업의 실패로 올 수 있는 '남근기적 성격'과 '히스테리성 성격'에 대해 각각 서술하시오.

5 정신성적 발달이론에서 '잠복기'의 발달과업을 쓰시오.

6 정신성적 발달이론에서 '생식기'의 발달과업을 쓰시오.

7 다음은 에릭슨의 정신사회적 발달이론에 대한 설명이다. ㉠~㉧의 빈칸을 채우시오.

- 영아기는 신뢰감 대 (㉠), 초기아동기는 (㉡) 대 수치심과 의심, 학령전기는 주도성 대 (㉢), 학령기는 근면성 대 (㉣), 청소년기는 정체성 대 (㉤), 성인기는 친밀감 대 (㉥), 중년기는 생산성 대 (㉦), 노년기는 통합성 대 (㉧)이 발달과업을 가짐

8 셀리반의 대인관계 발달이론에서 '아동기'와 '소년기'의 발달과업을 쓰시오.

9 셀리반의 대인관계 발달이론에서 '전 청소년기'와 '초기 청소년기'의 발달과업을 쓰시오.

10 설리반의 대인관계 발달이론에서 '후기 청소년기'의 발달과업을 쓰시오.

11 매슬로우 욕구단계 이론의 5단계를 1단계부터 5단계까지 순차적으로 적으시오.

12 다음은 말러의 분리개별화 이론이다. ㉠~㉢의 빈칸을 채우시오.

- 정상자폐기 → (㉠) → 분리·개별화기 → 분화분기 → (㉡) → (㉢) → 통합기로 이루어짐

13 말러의 분리개별화 단계 중 '분리·개별화기'의 발달특징을 쓰시오.

14 말러의 분리개별화 단계 중 '분화분기'와 '실제 분기'의 발달특징을 쓰시오.

15 말러의 분리개별화 단계 중 '화해기'의 발달특징을 쓰시오.

16 말러의 분리개별화 단계 중 '통합기'의 발달특징을 쓰시오.

PART 04

정신건강간호의 이해

1. 정신건강의 개념
2. 정신건강의 특성
3. 정신건강 평가기준 (마리야호다)
4. 정신질환
5. 정신건강예방 (1,2,3차 예방)
6. 스트레스
7. 심리검사

1 마리야호다의 정신건강평가기준 6가지를 모두 쓰시오.

2 '회복탄력성'의 개념을 서술하시오.

3 disress와 eustress의 개념을 각각 쓰시오.

4 스트레스 모형인 샐리의 '일반적응증후군'의 단계를 쓰고, 일반적응증후군의 개념을 쓰시오.

5 라자루스의 스트레스-대처이론이 타 이론과 구별되는 특징을 서술하시오.

6 라자루스의 스트레스-대처 이론의 '대처'의 개념과 '대처'의 종류 3가지를 쓰시오.

7 라자루스의 스트레스-대처 이론의 인지적 평가는 1차 평가, 2차 평가, 재평가로 구분된다. 각각의 개념을 서술하시오.

PART 05

치료적 관계와 치료적 의사소통

1 치료자 관계
2 치료적 관계의 단계 (페플라우)
3 의사소통 기술
4 치료적 의사소통
5 비치료적 의사소통

1 치료적 관계에서의 치료자의 자질 7가지를 서술하시오.

2 자기인식을 돕기 위한 '조하리 창'은 총 4가지 영역으로 이루어진다. 4가지 영역에 대해 모두 쓰시오.

3 '전이'와 '역전이'의 개념을 각각 쓰시오.

4 페플라우의 치료적 관계는 총 4단계로 이루어진다. 1단계~4단계와 각 단계의 주요활동을 쓰시오.

5 의사소통 모형인 번의 '상호교류분석 모형'은 무엇을 분석하기 위한 모형인지 쓰시오.

6 의사소통 모형인 번의 '상호교류분석 모형'의 3종류의 자아상태를 쓰시오.

7 번의 상호교류분석 모형의 '교차교류'의 개념을 서술하시오.

8 번의 상호교류분석 모형의 '이면적 교류'의 개념을 서술하시오.

9 다음에서 설명하는 치료적 의사소통의 종류를 쓰고, 개념을 서술하시오.

- 상대방으로 하여금 생각을 정리하고, 자신의 문제를 알게 해주는 기회를 제공하는 것임
- 지지, 격려, 이해, 수용의 효과를 보이며, 의사소통의 부재가 아니라 메시지를 주고 받는 구체적인 전달체계임

10 아래 예시의 치료적 의사소통 종류를 쓰고, 개념을 서술하시오.

- "요즈음 무슨 생각하세요?", "오늘은 무엇에 대해 이야기를 할까요?"

11 치료적 의사소통 종류 중 '재진술하기'의 개념을 쓰시오.

12 치료적 의사소통 종류 중 '관찰한 바를 표현하기'의 개념을 쓰시오.

13 아래 예시의 치료적 의사소통 종류를 쓰고, 개념을 서술하시오.

- 학생 : "선생님. 요즘 반려견 때문에 학교수업에 집중이 잘 안되고, 생활하기가 너무 힘들어요."
- 보건교사 : "반려견 때문에 힘들다는 것이 무슨 말인지 더 얘기해 주겠니?"

14 치료적 의사소통 종류 중 '수용하기'의 개념을 쓰시오.

15 치료적 의사소통 종류 중 '요약하기'의 개념을 쓰시오.

16 치료적 의사소통 종류 중 '반영하기'의 개념을 서술하시오.

17 치료적 의사소통 종류 중 '감정반영'의 개념을 설명하시오.

18 치료적 의사소통 종류 중 '초점맞추기'의 개념을 쓰시오.

19 아래 예시의 치료적 의사소통 종류를 쓰고, 개념을 서술하시오.

- 학생 : "요즘 학교에 오는 것이 너무 싫어요."
- 보건교사 : "학교에 오는 것이 왜 싫은지 자세히 얘기해 주겠니?"

20 치료적 의사소통 종류 중 '제안하기'의 개념을 쓰시오.

21 치료적 의사소통 종류 중 '자기노출'의 개념을 쓰시오.

22 치료적 의사소통 종류 중 '공감'의 개념을 쓰시오.

23 치료적 의사소통 종류 중 '적극적 경청'의 개념을 쓰시오.

24 치료자가 '충고'를 할 경우 대상자에게 미치는 역기능을 쓰시오.

25 아래 예시의 비치료적 의사소통 종류를 쓰고, 개념을 서술하시오.

- 보건교사 : "금방 좋아질 거야. 걱정하지마. 지금 잘하고 있어."

26 비치료적 의사소통 중 '표현된 감정의 경시'의 개념을 서술하시오.

27 비치료적 의사소통 중 '문자적 반응'의 개념을 쓰시오.

28 비치료적 의사소통 중 '상투적 반응'의 개념을 서술하시오.

29 아래 예시의 치료적 의사소통 종류를 쓰시오.

- 학생 : "선생님. 제 병이 나을지 모르겠어요. 걱정이 되요."
- 보건교사 : "용기 잃지 마. 좋은 생각만 하도로 하렴."

30 비치료적 의사소통 중 '비판하기'의 개념을 서술하시오.

31 비치료적 의사소통 중 '관계없는 주제(주제바꾸기)'의 개념을 쓰시오.

32 비치료적 의사소통 중 '탐지'의 개념을 쓰시오.

33 비치료적 의사소통 중 '도전'의 개념을 쓰시오.

34 비치료적 의사소통 중 '방어'의 개념을 쓰시오.

35 비치료적 의사소통 중 '이중구속'의 개념을 쓰시오.

36 비치료적 의사소통 중 '시험'의 개념을 쓰시오.

37 비치료적 의사소통 중 '지나친 이견'의 개념을 쓰시오.

38 비치료적 의사소통 중 '지나친 동의'의 개념을 쓰시오.

PART 06

이상행동의 이해

1 일반적인 상태 사정 (외모, 언어, 태도)
2 사고장애
3 정동장애
4 행동장애
5 지각장애
6 기억장애
7 의식장애
8 언어장애
9 지능장애
10 판단력 장애
11 지남력 장애
12 병식결여

1 '자폐적 사고'의 개념을 쓰시오.

2 '마술적 사고'의 개념을 서술하시오.

3 '1차 사고과정'의 개념을 서술하시오.

4 '구체적사고'의 개념을 쓰시오.

5 '신어조작증'의 개념을 쓰시오.

6 '사고의 우원증'의 개념을 쓰시오.

7 '사고의 비약'의 개념을 쓰시오.

8 '사고의 이탈'의 개념을 쓰시오.

9 '사고의 지연'의 개념을 쓰시오.

10 '사고의 두절'의 개념을 쓰시오.

11 '사고의 연상이완'의 개념을 쓰시오.

12 '지리멸렬'의 개념을 쓰시오.

13 '말비빔증'에 대해 설명하시오.

14 '음연상'의 개념을 쓰시오.

15 '보속증'의 개념을 쓰시오.

16 '음송증'의 개념을 쓰시오.

17 '부적절한 사고'의 개념을 쓰시오.

18 '망상'의 개념을 쓰시오.

19 '피해망상'의 개념을 쓰시오.

20 '피해망상'의 종류 3가지를 쓰고, 각 개념을 서술하시오.

21 사고내용의 장애 중 '사고전파'의 개념을 쓰시오.

22 사고내용의 장애 중 '사고주입'의 개념을 쓰시오.

23 사고내용의 장애 중 '사고탈취'의 개념을 쓰시오.

24 다음 예시의 망상 종류를 쓰고, 개념을 설명하시오.

- "친구들이 욕하지도 않았는데 자꾸 자기를 욕한다고 생각하면서 친구들에게 따지는 거예요. 그래서 제가 면담을 해 보니 정수는 사실이 아닌데도 누군가가 자기를 대학에 가지 못하도록 모든 수단을 동원해서 괴롭히고 있다는 생각을 하고 있더군요."

25 다음 예시의 망상 종류를 쓰고, 개념을 설명하시오.

- "미국의 트럼프와 나는 매우 잘 아는 사이이다. 국내외 정세를 나에게 묻고, 자문을 내가 많이 해준다."

26 관계망상의 개념을 서술하시오.

27 다음 예시의 망상 종류를 쓰고, 개념을 설명하시오.

- "제 주변에 좋지 않은 일이 일어나는 것은 모두 제 탓이에요. 우리학교 야구부가 전국대회에서 진 것도 제 탓이에요"

28 신체망상의 개념을 쓰시오.

29 색정망상의 개념을 쓰시오.

30 우울망상의 3가지 종류를 쓰시오.

31 정동장애 중 '부적절한 정동'의 개념을 쓰시오.

32 정동장애 중 '둔마된 정동'의 개념을 쓰시오.

33 정동장애 중 '제한된 정동'의 개념을 쓰시오.

34 유쾌한 기분 중 '다행감'과 '의기양양'의 개념을 각각 쓰시오.

35 유쾌한 기분 중 '고양된 기분'과 '황홀감'의 개념을 각각 쓰시오.

36 '초조'의 개념을 서술하시오.

37 '강직증'의 개념을 서술하시오.

38 '납굴증'의 개념을 서술하시오.

39 반복행동의 '상동증'의 개념을 서술하시오.

40 '강박행동'의 개념을 서술하시오.

41 지각장애 중 '실인증'의 개념을 서술하시오.

42 지각장애 중 '착각'의 개념을 서술하시오.

43 지각장애 중 '착각'을 일으키는 원인을 3가지 쓰시오.

44 미시증과 거시증의 개념을 각각 서술하시오.

45 착각 중 '공감각'의 개념을 쓰시오.

46 다음 예시에서 설명하는 개념 명칭을 쓰고, 개념을 설명하시오.

- "키보드를 치는 제 손을 보면서 제가 아닌 것 같은, 제 영혼이 밖으로 나와서, 키보드를 두드리는 저를 보고 있는 것 같은 기분이 들어요"

47 다음 예시에서 설명하는 개념 명칭을 쓰고, 개념을 설명하시오.

- "이 세상이 꿈속처럼 느껴져요. 안개 속에 있는 것 같아요. 현실이 영화속의 한 장면 같아요."

48 '환각'의 개념을 설명하시오.

49 다음 예시에서 설명하는 환각을 쓰고, 개념을 설명하시오.

- "아무것도 없는데 뱀이 있다고 하며, 공포에 질림"

50 다음 예시에서 설명하는 환각을 쓰고, 개념을 설명하시오.

- "벌레가 피부밑에서 움직이는 것처럼 느낌, 벌레가 자기피부를 지나다닌다고 함"

51 환각 중 '운동환각'의 개념을 쓰시오.

52 '기억과잉'의 개념을 쓰시오.

53 해리장애 중 '국소적 기억상실'과 '선택적 기억상실'의 개념을 각각 서술하시오.

54 해리장애 중 '전반적 기억상실'의 개념을 쓰시오.

55 '기억착오'의 개념을 쓰시오.

56 '작화증'의 개념을 쓰시오.

57 '기시증'과 '미시증'의 개념을 각각 쓰시오.

58 '선택적 부주의'의 개념을 설명하시오.

59 '섬망'의 개념을 설명하시오.

60 '언어압박'의 개념을 쓰시오.

61 '판단력 장애'의 개념을 쓰시오.

62 '지남력 장애'의 개념을 쓰시오.

63 '병식'의 개념을 쓰시오.

PART 07

정신건강관련 이론과 치료

1 정신분석치료
2 행동치료
3 인지행동치료
4 실존주의 정신치료
5 인간중심치료 (로저스)
6 지지정신치료
7 마음챙김에 근거한 심리치료 (최신 인지행동치료)

1 정신분석 치료 중 '자유연상'의 개념을 쓰시오.

2 다음 예시의 행동치료의 종류를 쓰고, 그 개념을 서술하시오.

- "수업 중에 부산하고 산만한 초등학생에게 교사의 설명에 주의를 기울일때는 반드시 관심을 기울여주면, 수업 중에 집중하는 행동이 증가한다."

3 행동치료 중 '부적강화(소극적 강화)'의 개념을 쓰시오.

4 행동치료 중 '프리맥의 원리'의 개념을 쓰시오.

5 행동치료 중 '토큰경제'의 개념을 쓰시오.

6 다음 예시의 행동치료의 종류를 쓰고, 그 개념을 서술하시오.

- "지각을 하는 학생에게 화장실 청소를 시키면, 지각을 하는 행동을 감소시킨다."

7 다음 예시의 행동치료의 종류를 쓰고, 그 개념을 서술하시오.

- "초등학교에서 부산하고, 산만한 수업태도를 지닌 학생을 주의집중하는 바람직한 행동으로 변화시키기 위해서, 학생이 부산하거나 산만한 행동을 나타날때는 교사가 관심을 주지 않고, 무시하여 분주하고 산만한 행동이 점차 사라진다."

8 행동치료 중 '반응대가(반응손실)'의 개념을 쓰시오.

9 행동치료 중 '고립(타임아웃)'의 개념을 쓰시오.

10 '바이오피드백'의 개념을 쓰시오.

11 다음 예시의 행동치료의 종류를 쓰고, 그 개념을 서술하시오.

- "폐쇄공포증 대상자 엘리베이터에 바로 타도록 함. 고소공포증이 있는 대상자를 고층에 노출시킴"

12 다음 예시의 행동치료의 종류를 쓰고, 그 개념을 서술하시오.

예) 엘리베이터 타는 것에 대한 공포
① 엘리베이터 타는 것에 대해 치료사와 토론한다.
② 엘리베이터 그림을 본다.
③ 건물의 로비에 걸어가서 엘리베이터를 바라본다.
④ 엘리베이터의 버튼을 눌러 본다.

13 다음은 체계적탈감작(체계적 둔감법)의 방법이다. ㉠의 빈칸을 채우고, 개념을 설명하시오.

- 근육이완 훈련 → (㉠) → 불안 자극 노출 → 둔감화

14 '감각기관에의 노출'의 개념을 쓰고, 불안 및 공황장애환자에게 적용시 효과를 서술하시오.

15 다음 사례에서 설명하는 인지행동치료의 종류를 쓰고, 그 개념을 서술하시오.

- "엘리베이터에 타도록 하여 불안을 야기하는 자극에 노출시킨 후 불안과 공황발작 증상을 방지하고, 증상을 방지하는 행동을 하지 않아도 극심한 불안과 공황발작이 나타나지 않음을 인식시켜, 불안과 공황발작 감소를 위해 해왔던 문제행동을 감소시킨다."

16 '지속적 노출'의 개념을 쓰고, PTSD 환자에게 적용 시 효과를 서술하시오.

17 '안구운동 민감소실 및 재처리법'의 개념을 서술하시오.

18 다음 예시의 행동치료의 종류를 쓰고, 그 개념을 서술하시오.

- "손톱을 물어뜯는 사람의 손톱이나 엄지에 쓴 물질을 발라 손톱 물어뜯은 행위를 감소시킨다."

19 인지행동치료인 '형성법'의 개념을 쓰시오.

20 다음 예시의 행동치료의 종류를 쓰고, 그 개념을 서술하시오.

- 병원치료나 동물에 대한 공포가 있는 아동에게 공포를 이겨내는 또래 아동이 등장하는 영화를 보여준 후 그와 비슷한 상황 속에서 행동을 시연하게 함

21 인지행동치료인 '자기주장훈련'의 개념을 쓰시오.

22 '행동계약'의 개념을 쓰시오.

23 다음은 사회기술훈련에 대한 설명이다. ㉠, ㉡의 빈칸을 채우시오.

- 학습할 새로운 행동에 대해 치료자가 기술을 설명함 → (㉠) → (㉡) → 치료자는 피드백을 제공함
 → 궁극적으로 대상자가 학습한 새로운 행동을 실생활에 적용함

24 실존치료 중 '의미치료'의 개념을 쓰시오.

25 의미치료의 개념 중 '역설지향(역설적 기법)'의 개념을 서술하시오.

26 의미치료의 개념 중 '반성제고(탈숙고)'의 개념을 서술하시오.

27 '현실치료'에서 중요시 하는 '인간의 기본적인 욕구' 5가지를 쓰시오.

28 '현실치료'의 행동변화를 위한 상담과정 'WDEP 모델'에 대해 서술하시오.

29 실존주의 치료 중 '게슈탈트 치료'의 개념을 서술하시오.

30 게슈탈트 치료의 '빈의자 기법'에 대해 설명하시오.

31 로저스의 '인간중심치료'의 개념을 서술하시오.

32 인간중심치료의 치료목표인 '온전히 기능하는 사람' 개념을 서술하시오.

33 지지정신치료 기법 중 '제반응(감정정화)'의 개념을 쓰시오.

34 지지정신치료 기법 중 '환기'와 '암시'의 개념을 쓰시오.

35 마음챙김치료의 개념에 대해 쓰시오.

36 마음챙김치료의 S.T.O.P 방법에 대해 서술하시오.

37 변증법적 행동치료의 '수용'과 '변화'의 개념을 각각 쓰시오.

38 변증법적 행동치료의 주요방법 중 '고통에 대한 감내'에 대해 쓰시오.

39 변증법적 행동치료의 주요방법 중 '정서조절 기술'에 대해 쓰시오.

40 변증법적 행동치료의 주요방법 중 '의미창출 기술'에 대해 쓰시오.

41 수용전념치료의 '수용'과 '전념'의 개념을 각각 서술하시오.

42 수용전념치료에서 바라보는 '정신병리'의 원인을 쓰고, 개념을 쓰시오.

43 수용전념치료가 타 인지치료와 구별되는 특징을 쓰시오.

44 수용전념치료의 목표 중의 하나인 '인지적 탈 융합'의 개념을 쓰시오.

PART 08

인지치료

1. Beck의 인지치료
2. Ellis의 합리적 정서·행동치료 (합리적 정서치료)

1 인지치료의 ABC에 대해 쓰시오.

2 인지치료의 주요개념인 '자동적 사고'에 대해 설명하시오.

3 Beck의 인지치료가 다른 치료법에 비해 차별되는 특징(주요목적)을 쓰시오.

4 자동적 사고의 근간이 되는 '핵심믿음'과 '중간믿음'의 개념을 각각 쓰시오.

5 인지왜곡(인지오류)의 정의를 쓰시오.

6 아래의 예시를 보고 인지왜곡의 종류를 쓰고, 그 개념을 서술하시오.

- "영어시험에 실패한 학생이 앞으로 남은 과목들도 모두 망칠 것이라고 생각함"

7 인지왜곡 중 '선택적 추론(정신적 여과)'의 개념을 서술하시오.

8 아래의 예시를 보고 인지왜곡의 종류를 쓰고, 그 개념을 서술하시오.

• "바쁜 남자친구가 연락이 뜸하자, 나를 이제 멀리하려는구나 생각하고, 이별준비를 함"

9 아래의 예시를 보고 인지왜곡의 종류를 쓰고, 그 개념을 서술하시오.

• "내가 죄책감을 드는걸 보니, 뭔가 잘못된 것이 틀림없어."

10 아래의 예시를 보고 인지왜곡의 종류를 쓰고, 그 개념을 서술하시오.

- "엄마가 돌아가신 건 다 저 때문이에요. 제가 그렇게 속 섞이지 않았다면, 이런 일이 생기지 않았을텐데… 다 저 때문이에요."

11 아래의 예시를 보고 인지왜곡의 종류를 쓰고, 그 개념을 쓰시오.

- "너는 나를 사랑하지 않다니, 그렇다면 나를 싫어하는구나."

12 인지왜곡 중 '파국화(비극화, 재앙화)'의 개념을 서술하시오.

13 인지왜곡 중 '극소화/극대화'의 개념을 서술하시오.

14 인지왜곡 중 '긍정격하'의 개념을 서술하시오.

15 인지행동치료기법인 '자기감시법'의 목적을 쓰시오.

16 다음에서 설명하는 인지의 재구성법을 쓰시오.

- '대상자로 하여금 일상에서 부딪히는 상황이 이분법적인 흑백논리를 적용하여 판단하는 것이 아니며, 생각하는 것만큼 극단적이지 않음을 깨닫게 하는 것임'

17 '인지적 재구성'의 개념을 설명하시오.

18 '사고중지'의 개념을 설명하시오.

19 '사고중지'를 역기능 사고가 처음 생겼을 때 사용해야 하는 이유를 쓰시오.

20 합리적 정서·행동치료의 ABCDE의 개념을 쓰시오.

21 합리적 정서·행동치료의 목적을 서술하시오.

PART 09

집단정신치료 및 가족치료

1. 집단 정신치료
2. 가족치료

1 Yalom의 집단의 치료적 요소 11가지의 명칭을 쓰시오.

2 집단의 치료적 요소 중 '보편성'에 대해 설명하시오.

3 집단의 치료적 요소 중 '집단 응집력'의 개념을 쓰시오.

4 집단의 치료적 요소 중 '감정정화'의 개념을 쓰시오.

5 집단치료의 집단발달단계 5단계를 쓰시오.

6 집단치료의 장점과 단점을 각각 3가지씩 쓰시오.

7 집단정신치료 방법 중 '심리극'의 개념을 쓰시오.

8 집단정신치료 방법 중 '심리극'의 효과(장점)을 2가지 이상 쓰시오.

9 정신분석학적 가족이론(애커먼)의 개념과 목표를 각각 서술하시오.

10 보웬의 가족체계이론이 타 가족이론과 차별되는 개념을 쓰시오.

11 보웬의 가족체계이론의 '건강한 가족'과 '역기능적 가족'의 특징을 각각 쓰시오.

12 보웬의 가족체계이론의 '자아분화'와 '정서적 융합(융해)'의 개념을 쓰시오.

13 보웬의 가족체계이론의 치료목표를 쓰시오.

14 보웬의 가족체계이론의 '삼각관계' 개념을 쓰시오.

15 보웬의 가족체계이론의 '정서단절' 개념을 쓰시오.

16 보웬의 가족체계이론의 '가족투사 과정' 개념을 쓰시오.

17 보웬의 가족체계이론의 '핵가족 정서체계' 4가지 관계패턴을 쓰시오.

18 보웬의 가족체계이론의 '다세대 전수과정' 개념을 쓰시오.

19 보웬의 가족체계이론의 '치료적 삼각관계 만들기(탈삼각관계)' 개념을 쓰시오.

20 보웬의 가족체계이론의 '과정질문'의 효과를 쓰시오.

21 보웬의 가족체계이론의 '나의 입장표명하기' 개념을 쓰시오.

22 미누친의 구조적 가족치료가 타 가족이론과 차별되는 개념을 쓰시오.

23 구조적 가족치료의 하위체계의 종류를 쓰시오.

24 구조적 가족치료의 '경계선'의 개념을 쓰시오.

25 구조적 가족치료의 '모호한(애매한) 경계선'의 가족형태를 쓰시오.

26 구조적 가족치료의 '모호한(애매한) 경계선'의 특징을 쓰시오.

27 구조적 가족치료의 '경직된 경계선'의 특징을 쓰시오.

28 구조적 가족치료의 '경직된 경계선'의 가족형태를 쓰시오.

29 구조적 가족치료의 '명확한 경계선'의 특징을 쓰시오.

30 구조적 가족치료 중 '건강한 가족'과 '경계선이 모호한 가족'의 위계구조(권력위계)의 특징을 서술하시오.

31 구조적 가족치료의 제휴의 종류 중 '동맹'과 '연합'의 개념을 각각 쓰시오.

32 구조적 가족치료의 치료기법으로 '합류하기'의 개념을 쓰시오.

33 구조적 가족치료에서 유리된 가족과 밀착된 가족의 '경계선 설정하기'를 쓰시오.

34 구조적 가족치료의 치료기법으로 '균형 깨트리기'의 개념을 쓰시오.

35 경험적 가족치료가 타 가족이론과 차별되는 특징을 쓰시오.

36 경험적 가족치료의 자아 존중의 3요소를 쓰시오.

37 경험적 가족치료의 '건강한 가족'과 '역기능적 가족'의 가족규칙의 특징을 각각 서술하시오.

38 경험적 가족치료의 '회유형 의사소통'의 특징을 서술하시오.

39 경험적 가족치료의 '회유형 의사소통'의 자아 3요소의 특징을 쓰시오.

40 경험적 가족치료의 '비난형 의사소통'의 특징을 서술하시오.

41 경험적 가족치료의 '비난형 의사소통'의 자아 3요소의 특징을 쓰시오.

42 경험적 가족치료의 '산만형 의사소통'의 특징을 서술하시오.

43 경험적 가족치료의 '산만형 의사소통'의 자아 3요소의 특징을 쓰시오.

44 경험적 가족치료의 '초이성형 의사소통'의 자아 3요소의 특징을 쓰시오.

45 경험적 가족치료의 '초이성형 의사소통'의 특징을 서술하시오.

46 경험적 가족치료의 '일치형 의사소통'의 특징을 서술하시오.

47 경험적 가족치료의 치료기법 중 '가족조각'의 개념과 목표를 쓰시오.

48 경험적 가족치료의 치료기법 중 '빙산탐색'의 개념을 쓰시오.

49 전략적 가족치료가 타 가족이론과 차별되는 특징을 쓰시오.

50 전략적 가족치료의 목표를 서술하시오.

51 전략적 가족치료의 치료기법 중 '역설적 개입법'의 개념을 쓰시오.

52 전략적 가족치료의 치료기법 중 '증상처방하기(시련처방하기)'의 개념을 쓰시오.

53 해결중심 가족치료가 타 가족이론과 차별되는 특징을 쓰시오

54 해결중심 가족치료의 목표를 쓰시오.

55 다음은 해결중심 가족치료의 '변화를 위한 질문'이다. 이중 '기적질문'의 개념을 서술하시오.

56 다음은 해결중심 가족치료의 '변화를 위한 질문'이다. 이중 '예외질문'의 개념을 서술하시오.

57 다음은 해결중심 가족치료의 '변화를 위한 질문'이다. 이중 '대처질문'의 개념을 서술하시오.

58 다음은 해결중심 가족치료의 '변화를 위한 질문'이다. 이중 '관계성 질문'의 개념을 서술하시오.

59 다음은 해결중심 가족치료의 '변화를 위한 질문'이다. 이중 '예외질문'의 개념을 서술하시오.

60 이야기 가족치료가 타 가족이론과 차별되는 특징을 쓰시오

PART

10

정신과 약물의 이해

1 혈액-뇌장벽(BBB)의 기능을 서술하시오.

2 정신과 약물의 개념 중 '고역가'와 '저역가'의 개념을 서술하시오.

3 약물의 개념 중 '반감기'의 개념을 쓰시오.

4 약물의 개념 중 '효력'과 '효능'의 개념을 각각 서술하시오.

5 약물의 개념 중 '반동효과'의 개념을 쓰시오.

6 약물의 개념 중 '치료지수'의 개념을 쓰시오.

7 약물의 개념 중 '치료지수가 작다(좁다)'의 의미을 서술하시오.

8 약물의 개념 중 '치료범위'의 개념을 쓰시오.

9 약물의 개념 중 '초회통과 효과'의 개념을 서술하시오.

PART 11

아동기와 신경발달장애

1 의사소통장애
2 운동장애
3 특정학습장애
4 지적발달장애 (지적장애)
5 전반적 발달지연
6 자폐스펙트럼장애 (ASD)
7 주의력결핍 과잉행동장애(ADHD)

1 다음의 진단기준을 보고 해당 질환의 진단명을 쓰시오.

진단기준 (DSM-5-TR)

A. 협응된 운동의 습득과 수행이 개인의 생활연령과 기술 습득 및 사용의 기회에 기대되는 수준보다 현저하게 낮다. 장애는 운동 기술 수행(예 물건 잡기, 가위나 식기 사용, 글씨 쓰기, 자전거 타기 또는 스포츠 참여)의 지연과 부정확성뿐만 아니라 서투른 동작(예 물건 떨어뜨리기 또는 물건에 부딪히기)으로도 나타난다.
B. 진단기준 A의 운동 기술 결함이 생활연령에 걸맞은 일상생활의 활동(예 자기관리 및 유지)에 현저하고 지속적인 방해가 되며, 학업/학교 생활의 생산성, 직업 활동, 여가, 놀이에 영향을 미친다.
C. 증상은 초기 발달시기에 시작된다.
D. 운동 기술의 결함이 지적장애(지적발달장애)나 시각 손상으로 더 잘 설명되지 않으며, 운동에 영향을 미치는 신경학적 상태(예 뇌성마비, 근육퇴행위축, 퇴행성 질환)에 기인한 것이 아니어야 한다.

2 다음의 진단기준을 보고 해당 질환의 진단명을 쓰시오.

진단기준 (DSM-5-TR)

A. 반복적이고, 억제할 수 없는 것처럼 보이고, 목적이 없는 것 같은 운동 행동(예 손 흔들기, 손장난하기, 몸흔들기, 머리 흔들기, 물어뜯기, 자기 몸 때리기)
B. 반복적인 운동 행동이 사회적, 학업적 또는 기타 활동을 방해하고, 자해의 원인이 될 수 있다.
C. 초기 발달 시기에 발병한다.
D. 반복적 운동 행동은 물질의 생리적 효과나 신경학적 상태로 인한 것이 아니며, 다른 신경발달장애나 정신질환(예 발모광, 강박장애)으로 더 잘 설명되지 않는다.

다음의 경우 명시할 것
- 자해 행동을 동반하는 경우(또는 예방 조치가 없다면 부상을 초래할 수 있는 행동)
- 자해 행동을 동반하지 않는 경우

3 '틱' 증상의 특징을 쓰시오.

4 틱의 '전조충동증상(전조감각증상)'의 개념을 서술하시오.

5 '틱' 증상을 악화시키는 요인에 대해 쓰시오.

6 틱 증상을 유발하는 신경전달물질 1가지만 쓰시오.

7 다음은 틱의 진단기준이다. ㉠~㉢의 빈칸을 채우시오.

- 뚜렛장애는 여러 가지 (㉠)과 한가지 또는 그 이상의 (㉡)이 나타나며, 2가지 틱이 반드시 동시에 나타날 필요는 없다.
- 틱은 (㉢)세 이전에 나타난다.

8 다음의 진단기준을 보고 해당 질환의 진단명을 쓰시오.

A. 한 가지 또는 다수의 운동 틱 및/또는 음성 틱이 존재한다.
B. 틱은 처음 틱이 나타난 시점으로부터 1년 미만으로 나타난다.
C. 18세 이전에 발병한다.
D. 장애는 물질(예 코카인)의 생리적 효과나 다른 의학적 상태(예 헌팅턴병, 바이러스성 뇌염)로 인한 것이 아니다.
E. 투렛장애나 지속성(만성) 운동 또는 음성 틱장애의 진단기준에 맞지 않아야 한다.

9 다음의 진단기준을 보고 해당 질환의 진단명을 쓰시오.

A. 한 가지 또는 여러 가지의 운동 틱 또는 음성 틱이 장애의 경과 중 일부 기간 동안 존재하지만, 운동 틱과 음성 틱이 모두 나타나지는 않는다.
B. 틱 증상은 자주 약화와 완화를 반복하지만 처음 틱이 나타난 시점으로부터 1년 이상 지속된다.
C. 18세 이전에 발병한다.

10 다음의 예시를 보고 틱 증상의 종류를 쓰시오.

- 눈 깜빡거리기, 얼굴 찡그리기, 코 훌쩍거리기, 코 씰룩하기, 코 벌렁거리기, 입 내밀기, 머리 끄덕거리기 등

11 다음의 예시를 보고 틱 증상의 종류를 쓰시오.

- 어깨를 으쓱이며, 목을 돌리는 동작들이 함께 나타남, 제자리에서 뛰어오르기, 몸을 굽히고 꼬기, 물건을 만지거나 냄새맡기, 특이한 걸음걸이를 반복하기, 타인의 행동을 모방하는 행동(반향운동증), 성적이나 외설적인 몸짓(외설 행동) 등

12 다음의 예시를 보고 틱 증상의 종류를 쓰시오.

- 헛기침(흔함), 쿵쿵거리는 소리, 꿀꿀거리는 소리, 쩍쩍거리는 소리, 가래뱉는 소리, 침 뱉는 소리, 쉬소리 등

13 다음의 예시를 보고 틱 증상의 종류를 쓰시오.

- 상황과 관계없는 단어·음절 반복하기, 남의 말 따라하기(반향언어증), 지속하거나 외설적인 말·욕설 반복하기(욕설증)

14 틱의 인지행동치료 중 '습관역전훈련'의 개념을 서술하시오.

15 다음은 특정학습학습장애의 진단기준이다. ㉠~㉢의 빈칸을 채우시오.

- 특정학습장애는 읽기장애, (㉠)장애, (㉡)장애가 있으며, (㉢)개월 이상 지속시 진단한다.

16 다음은 대한 설명이다. 지적발달장애(지적장애)의 DSM-5-TR 진단기준이다. ㉠~㉣의 빈칸을 채우시오.

- 지적장애(지적발달장애)는 발달 시기에 시작되며, (㉠), (㉡), (㉢)영역에서 지적 기능과 (㉣)기능 모두에 결함이 있는 상태를 말한다.

17 ICD-10의 지적장애 분류 기준에서 경도 지적장애, 중등도 지적장애의 지능지수(IQ) 기준을 각각 쓰시오.

18 ICD-10의 지적장애의 평가로 지능지수(IQ)를 사용한다. IQ 개념을 쓰시오.

19 전반적 발달지연의 진단연령 기준을 쓰시오.

20 자폐스펙트럼 장애아동에게 나타날 수 있는 '서번트 증후군' 개념을 쓰시오.

21 다음의 사례를 보고, DSM-5-TR 진단명을 쓰시오.

- 5세 민수(가명)는 유치원에서 계속해서 몸을 앞뒤로 흔들고 목소리는 높낮이가 없고 단조로우며 자신의 지속적인 활동을 방해하려는 행동에만 주먹으로 자신의 다리 세게 때리는 것으로 반응하였다. 장난감 놀이 같은 활동도 선뜻 하려하지 않았고 자신의 관심을 끄는 인형에도 반응하지 않았다.
또한 단조로운 어조로 "블록", "블록"하며 단일 구절을 반복했다. 선생님과 시선을 마주치지 못하였고, 주변사람들을 의식하지 못하였고, 자학적 행동으로 반복적으로 자신의 다리를 마구 때리고 손을 물어뜯었다.
또한 최근에 읽은 책에 대한 질문에도 어떤 대답도 하지 않았다.
부모는 민수(가명)가 "자기 세계에 갇혀 사는 것"처럼 보인다고 말하였다.
병원에 의뢰하여 IQ를 측정한결과 65로 측정되었다.

22 주의력결핍 과잉행동장애(ADHD)의 진단기준의 필수증상 3가지를 쓰시오.

23 주의력결핍 과잉행동장애(ADHD)의 종류(유형) 3가지를 쓰고, 각각의 개념을 서술하시오.

24 주의력결핍 과잉행동장애(ADHD)의 진단기준이다. ㉠, ㉡의 빈칸을 채우시오.

- 부주의, 과잉행동-충동성이 (㉠)개월 이상 지속되고, 몇가지 부주의 또는 과잉행동-충동성은 (㉡)세 이전에 진단된다.

25 주의력결핍 과잉행동장애(ADHD)시 아동에게 주로 결핍을 나타내는 신경전달물질 2가지를 쓰시오.

26 주의력결핍 과잉행동장애(ADHD) 치료약 중 중추신경 흥분제 대표적인 약물의 명칭을 쓰고, 약물 기전을 쓰시오.

27 ADHD 치료약인 메틸페니데이트의 주요 부작용을 모두 쓰시오.

30 ADHD 치료약 중 비각성제(비자극제) 약물의 명칭을 쓰고. 약물기전을 쓰시오.

31 ADHD 아동의 인지행동치료 시 아동의 행동에 칭찬, 긍정적 강화 등의 즉각적인 보상을 자주 제공해야 하는 이유를 쓰시오.

PART 12

조현병 스펙트럼 및 기타 정신병적 장애

1 조현병의 개요
2 조현병 스펙트럼 진단
3 항정신병 약물
4 조현병 환자 간호중재

1 다음의 ㉠~㉦의 조현병의 증상이 양성증상인지, 음성증상인지 구분하시오.

- ㉠ 망상, 환각, ㉡ 실어증, ㉢ 공격, 초조한 행동, ㉣ 반복적, 상동적 행동, ㉤ 감정의 둔마, ㉥ 실어증, ㉦ 무의욕증

2 다음은 조현양상장애의 DSM-5-TR 진단기준이다. ㉠~㉣의 빈칸을 채우시오.

A. 다음 증상 중 2가지(혹은 그 이상)이 1개월의 기간(성공적으로 치료가 되면 그 이하) 동안의 상당 부분의 시간에 존재하고, 이들 중 최소한 하나는 (1) 내지 (2) 혹은 (3) 이어야 한다.
  1. 망상
  2. 환각
  3. (㉠)
  4. 극도로 와해된 또는 긴장성 행동
  5. (㉡)

B. 장애의 삽화가 (㉢)개월 이상, (㉣)개월 이내로 지속된다.

3 조현병 DSM-5-TR 진단기준은 주요증상이 (㉠)개월 이상일 때 진단된다. ㉠의 빈칸을 채우시오.

4 다음의 진단기준을 보고, 진단명을 제시하시오.

A. 조현병의 연속 기간 동안 조현병의 진단 기준 A와 동시에 주요 기분(주요우울 또는 조증) 삽화가 있음.
   주의점 : 주요우울 삽화는 진단 기준 A1: 우울 기분을 포함해야한다.
B. 평생의 유병 기간 동안 주요 기분(주요우울 또는 조증) 삽화 없이 존재하는 2주 이상의 망상이나 환각이 있다.
C. 주요 기분 삽화의 기준에 맞는 증상이 병의 활성기 및 잔류기 부분의 전체 지속 기간의 대부분 동안 존재한다.

5 정형 항정신병 약물(1세대)의 기전과 효과를 쓰시오.

6 정형 항정신병 약물(1세대)의 대표적인 약물의 명칭 3가지만 쓰시오.

7 정형 항정신병 약물(1세대)의 대표적인 부작용인 '추체외로 증상'의 대표적인 증상 4가지를 쓰시오.

8 정형 항정신병 약물(1세대)의 대표적인 부작용인 '추체외로 부작용' 발생하는 이유를 서술하시오.

9 정형 항정신병 약물(1세대)을 사용할 때 '고프로락틴 혈증'이 발생하는 기전을 쓰시오.

10 정형 항정신병 약물(1세대)을 사용할 때 '항콜린성 부작용'이 발생하는 기전을 쓰시오.

11 정형 항정신병 약물(1세대)을 사용시 발생하는 '항콜린성 독성'의 증상을 쓰시오.

12 정형 항정신병 약물(1세대)을 사용 시 발생할 수 있는 '신경이완제 악성증후군'의 증상을 서술하시오.

13 정형 항정신병 약물(1세대)을 사용 시 '신경이완제 악성증후군' 발생시 사용하는 치료약물을 2가지 쓰시오.

14 비정형 항정신병 약물(2세대) 기전을 서술하시오.

15 비정형 항정신병 약물(2세대)의 대표적인 약물 3가지만 쓰시오.

16 비정형 항정신병 약물(2세대) 중 '클로자핀'의 효과와 대표적인 부작용을 쓰시오.

17 조현병 환자에게 '망상' 발생시 ㉠ 논리적 설득이나 비평이 효과가 없는 이유, ㉡ 현실검증력이 향상될때까지 망상을 논박하거나 없애려는 시도를 하지 말아야 하는 이유를 각각 쓰시오.

18 조현병 환자에게 '환각' 발생시 사용하는 간호중재를 서술하시오.

PART

13

양극성 및 관련 장애와 장애

1 양극성 장애 정의 및 원인
2 조증 및 우울관련 증상
3 양극성 장애 진단

1 우울증에서 저하되는 신경전달물질 3가지만 쓰시오.

2 조증에서 상승되는 신경전달물질 3가지만 쓰시오.

3 조증환자에게 흔히 발생하는 '사고'의 특징 1가지와 '언어'의 특징 1가지만 쓰시오.

4 조증환자가 가지는 '병식'의 특징을 쓰시오.

5 Ⅰ형 양극성장애의 필수진단기준은 최소 1회 이상의 (㉠)이며, 경조증 삽화나 (㉡)이 나타날 수 있다.
㉠, ㉡의 빈칸을 채우시오.

6 Ⅱ형 양극성 장애의 최소 1회 이상의 (㉠)와 최소 1회 이상 (㉡) 가 나타나야 한다.
㉠, ㉡의 빈칸을 채우시오.

7 다음은 순환성장애의 진단기준이다. ㉠~㉣의 빈칸을 채우시오.

A. 적어도 (㉠)년 동안(아동·청소년에서는 1년) 다수의 (㉡) 기간(경조증 삽화의 진단기준을 충족하지 않는)과 (㉢) 기간(주요우울 삽화의 진단기준을 충족하지 않는)이 있어야 한다.
B. (㉠)년 이상의 기간동안(아동·청소년에서는 1년), 증상이 없는 기간이 (㉣)개월 이상 지속되어서는 안된다.

8 다음은 양극성 장애에 사용하느 '리튬'에 대한 설명이다. ㉠~㉦ 빈칸을 채우시오.

- 리튬은 세포 내의 일시적인 (㉠)의 증가를 정상화시킴
- 리튬은 (㉡), (㉢), (㉣)의 신경전달물질의 재흡수를 억제하여 활성화시킴
- 리튬의 치료농도는 (㉤)~(㉥)mEq/L임
- 리튬의 흔한 부작용은 (㉦), 갈증, 다뇨, 입마름, 피로 등이다.

9 양극성 장애시 '리튬'을 복용전에 '치료전 검사'로 실시해야 검사 2가지를 쓰시오.

10 리튬 복용시에 '적절한 염분을 섭취'하라고 교육하는 이유를 쓰시오.

11 리튬 복용시 '수분섭취를 2L 이상'하라고 교육하는 이유를 쓰시오.

12 양극성 장애시 사용하는 '리모트리진'의 적응증을 쓰고, 리튬 대신 II형 양극성 장애시 '리모트리진'을 사용하는 이유를 쓰시오.

13 양극성 장애시 사용하는 항경련제인 '카바마제핀'의 치명적인 부작용 1가지만 쓰시오.

14 양극성 장애시 사용하는 '리모트리진'의 치명적인 부작용 1가지만 쓰시오.

15 II형 양극성 장애가 자살위험이 높은 이유를 쓰시오.

16 I 형 양극성 장애가 자살위험이 높은 이유를 쓰시오.

PART

14

우울장애

1 우울증의 생물학적 원인
2 우울증의 정신사회적 원인
3 우울증 관련 사정
4 우울장애 치료단계와 치료목표
5 우울증 진단기준
6 우울증 약물치료
7 우울증 비약물치료

1 우울증 환자가 자살시도나 자살행동을 하는 이유를 정신분석적 이론에 근거하여 제시하시오.

2 우울증 환자가 가장 많이 사용하는 방어기전 1가지만 쓰고, 개념을 설명하시오.

3 우울증 환자의 특징인 부정적 사고를 나타내는 '인지삼제'에 대해 설명하시오.

4 애도, 죽음의 5단계를 1단계~5단계까지 순차적으로 쓰시오.

5 우울증 환자에게 발생하는 ㉠ 학습된 무력감, ㉡ 절망감의 개념을 각각 쓰시오.

6 우울증 귀인이론의 개념을 서술하시오.

7 다음은 우울증 귀인이론에 대한 설명이다. ㉠~㉢에 대해 각각 답하시오.

- ㉠ 자존감 손상과 우울장애에 영향을 미치는 귀인종류 2가지를 쓰시오.
- ㉡ 무기력증 발생, 우울증 장기화에 영향을 미치는 귀인종류 2가지를 쓰시오
- ㉢ 우울장애의 '일반화' 정도를 결정하는 귀인종류 2가지를 쓰시오.

8 우울증 환자는 실패경험에 대해 (㉠), (㉡), (㉢) 귀인을 하는 경향이 있다. ㉠~㉢의 빈칸을 채우고, ㉠~㉢의 각 개념을 서술하시오.

9 우울증환자에게 자주 보이는 '반추사고'의 개념을 설명하시오.

10 아동·청소년의 우울증상의 특징과 노인의 우울증상의 특징을 각각 서술하시오.

11 우울증 약물을 지속하다 약물을 끊을때는 1~2주에 걸쳐 서서히 감량해야 하는 이유를 쓰시오.

12 다음은 파괴적 기분조절부전장애의 DSM-5-TR 진단기준이다. ㉠~㉻의 빈칸을 채우시오.

A. 심각한 반복성 (㉠)이 언어로(예 폭언) 그리고/또는 행동으로(예 사람이나 사물에 대한 물리적 공격성)으로 나타나며, 상황이나 도발 자극에 비해 그 강도나 지속 시간이 극도로 비정상적이다.
B. (㉠)이 발달수준에 부합하지 않는다.
C. (㉠)이 평균적으로 일주일에 (㉡)회 이상 발생한다.
D. 분노폭발 사이의 기분이 지속적으로 (㉢)하거나 거의 매일, 하루 중 대부분의 시간 동안 (㉣)가 나 있으며, 이것이 객관적으로 관찰될 수 있다. (예 부모, 선생님, 또래 집단)
E. 진단기준 A~D가 (㉤)개월 이상 지속되며, 진단기준 A~ D에 해당하는 모든 증상이 없는 기간이 연속 3개월 이상 되지않는다
F. 진단기준 A와 D가 세 환경(예 가정, 학교, 또래 집단) 중 최소 두 군데 이상에서 존재하며, 최소 한 군데에서는 (㉥)의 증상을 보인다.
G. 이 진단은 (㉦)세 이전 또는 (㉧)세 이후에 처음으로 진단될 수 없다.
H. 과거력 또는 객관적인 관찰에 의하면 진단기준 A~E의 발생이 (㉨)세 이전이다.

13 다음은 주요우울장애의 DSM-5-TR 진단기준이다. ㉠~㉢의 빈칸을 채우시오

A. 다음의 증상 가운데 5가지(또는 그 이상)의 증상이 (㉠)주 동안 지속되며 이전의 기능 상태와 비교할 때 변화를 보인다. 증상 가운데 적어도 하나는 (1) (㉡)이거나 (2) (㉡)나 (㉢)의 상실이어야 한다.
주의점: 명백한 다른 의학적 상태로 인한 증상은 포함되지 않아야 한다.

14 다음은 지속성우울장애의 DSM-5-TR 진단기준이다. ㉠~㉤의 빈칸을 채우시오

이 장애는 DSM-IV에서 정의된 만성 (㉠)와 (㉡)를 통합한 것이다.
A. 적어도 (㉢)년 동안, 주관적 설명이나 타인에 의한 관찰에서 나타나듯이, 하루의 대부분 우울 기분이 있고, 우울 기분이 없는 날보다 있는 날이 더 많다.
주의점: 아동·청소년에서는 기분이 과민한 상태로 나타나기도 하며, 기간은 적어도 (㉣)년이 되어야 한다.
B. 우울 기간 동안 다음 (㉤)지(또는 그 이상)의 증상이 존재
 1. 식욕부진 또는 과식
 2. 불면 또는 과다수면
 3. 활력저하 또는 피로감
 4. 자존감 저하
 5. 집중력 감소 또는 우유부단(결정하기가 어려움)
 6. 절망감

15 다음의 DSM-5-TR 진단기준을 보고, 해당 진단명을 쓰시오.

A. 대부분의 월경 주기에서 월경 시작 1주 전에 다음의 증상 가운데 5가지 증상이 존재하고, 월경 시작 후 수일 안에 증상이 호전되기 시작하며, 월경이 끝난 주에는 증상이 경미하거나 없어져야 한다.
B. 다음 증상 중 적어도 한 가지(또는 그 이상)는 있어야 한다.
   1. 현저하게 정동 불안정성(예 기분변동: 갑자기 슬퍼지거나 울고 싶거나, 거절에 대한 민감성 증가)
   2. 현저한 과민성 혹은 분노 또는 대인관계 갈등 증가
   3. 현저한 우울 기분, 절망감 또는 자기비하적인 사고
   4. 현저한 불안, 긴장, 예민해지거나 신경이 곤두선 느낌
C. 다음 증상 중 적어도 한 가지(또는 그 이상)는 추가적으로 존재해야 하며, 진단기준 B에 해당하는 증상과 더해져 총 5가지의 증상이 포함되어야 한다.
   1. 일상활동에서 흥미의 저하 (예 직업, 학교, 친구, 취미)
   2. 주관적인 집중곤란
   3. 무기력, 쉽게 피곤함 혹은 현저한 활력부족
   4. 식욕의 현저한 변화, 즉 과식 또는 특정 음식의 탐닉
   5. 수면과다 또는 불면
   6. 압도되거나 자제력을 잃을 것 같은 느낌
   7. 유방의 압통이나 부종, 두통, 관절통 이나 근육통, 붓는 느낌, 혹은 체중 증가와 같은 신체증상들

16 우울증 치료약인 삼환계 항우울제(TCA)의 약물기전을 쓰시오.

17 우울증 치료약인 삼환계 항우울제(TCA)의 대표적인 약물 3가지만 쓰시오.

18 우울증 치료약인 삼환계 항우울제(TCA)의 대표적인 부작용인 '항콜린성 부작용'으로 요폐색이나 장폐색시 사용하는 치료약물 1가지만 쓰시오.

19 우울증 치료약인 모노아민 산화요소 억제제(MAOI)의 약물기전을 서술하시오.

20 우울증 치료약인 모노아민 산화요소 억제제(MAOI) 복용시 고혈압, 고혈압 위기가 발생하는 이유를 서술하시오.

21 우울증 치료약인 모노아민 산화요소 억제제(MAOI)의 대표적인 약물 3가지만 제시하시오.

22 티라민이 많이 함유된 음식 5가지만 쓰시오.

23 우울증 치료약인 선택적 세로토닌 재흡수 억제제(SSRI)의 약물기전을 서술하시오.

24 SSRI가 최고 효과가 나타날때까지 약물복용 후 소요되는 기간을 쓰시오.

25 우울증 치료약인 선택적 세로토닌 재흡수 억제제(SSRI)의 대표적인 약물 3가지만 쓰시오.

26 우울증 치료약인 선택적 세로토닌 재흡수 억제제(SSRI)의 일반적인 부작용을 3가지만 쓰시오.

27 세로토닌 증후군의 개념을 쓰고, 발생하는 이유에 대해 쓰시오.

28 세로토닌 증후군의 주요 증상을 모두 쓰시오.

29 세로토닌 노르에피네프린 재흡수 억제제(SNRI)의 약물 기전을 쓰시오.

30 세로토닌 노르에피네프린 재흡수 억제제(SNRI)의 대표적인 약물 2가지만 쓰시오.

31 노르에피네프린-도파민 재흡수 억제제(NDRI) 약물기전과 대표적인 약물 1가지만 쓰시오.

32 치료저항성 우울증, 난치성 중증 주요우울장애에 사용하는 비경구 항우울제 명칭을 쓰시오.

33 다음에서 설명하는 우울증 비약물치료의 명칭을 쓰시오.

- 총 36시간 동안 혹은 부분적으로 대상자를 잠을 못자게 하는 방법임
- 보통 새벽 1시30분부터 다음날 저녁때까지 못자게 함
- 일부는 수 주 동안 1주일에 한번 정도 시행함

34 우울증 환자에게 사용하는 전기경련치료(ECT)의 방법과 효과를 각각 쓰시오.

35 우울증 환자에게 사용하는 '광선치료'의 개념을 서술하시오.

36 다음에서 설명하는 우울증 환자에게 실시하는 치료법의 명칭을 쓰시오.

- 우울증이 있을때 활동이 저조하다고 밝혀진 부위를 자극하기 위해 전극을 뇌의 특정부위에 외과적으로 이식하는 치료법임
- 부작용으로 두 개 내 출혈, 감염 등이 발생할 수 있음

37 다음에서 설명하는 우울증 환자에게 실시하는 치료법의 명칭을 쓰시오.

- 전자기코일을 머리 표면의 특정 부위에 놓고 국소적으로 다량의 자기장을 두개골을 통해 통화시켜 뇌 특정부위의 신경세포를 활성화하도록 하는 비침습적인 치료방법임

38 우울증 환자에게 사용하는 '미주신경자극술'의 개념을 설명하시오.

PART 15

불안장애

1 불안의 수준
2 불안의 원인
3 불안장애 진단
4 사회불안장애
5 범불안장애

1 중등도 불안에서 발생하는 '선택적 부주의'의 개념을 쓰시오.

2 중증 불안의 특징을 3가지 이상 쓰시오.

3 공황이나 불안장애의 원인이 되는 신경전달물질 중 ㉠ 감소하는 신경전달물질과 ㉡ 증가하는 신경전달물질 각각 1가지씩 쓰시오.

4 다음 사례를 보고 DSM-5-TR 진단명을 쓰시오.

- 초등학교 2학년 수아(가명)은 평소 엄마와 매우 밀접한 관계를 가지고 있다. 그런데 초등학교 입학하고 나서부터 매일 아침 등교시마다 극심한 불안에 떨고 있다. 학교에 가기 싫다고 배가 아프다고 하고, 학교에 가기 싫다고 떼를 쓰고, 교실에 들어서자마자 엄마가 보고 싶다고 계속 울었다.
- 밤에는 혼자 자기 싫어하고, 엄마가 잠깐이라도 외출을 하는 경우에는 "혹시 엄마가 나를 두고 떠나는 게 아닐까?"하는 말을 하기도 하고, 엄마가 곁에 없는 상황이면 견디기 힘들어했다. 학교 쉬는 시간에도 엄마한테 전화를 걸어 엄마가 전화를 받지 않으면 "사고가 난게 아닐까?"라고 생각하며, 극심한 불안에 빠졌고, 학교수업 중간에도 불안증상을 나타내었다.

5 다음은 분리불안장애 진단기준(DSM-5)이다. ㉠, ㉡의 빈칸을 채우시오.

- 공포, 불안, 회피 반응이 아동·청소년에서는 최소한 (㉠)주 이상, 성인에서는 전형적으로 (㉡)개월 이상 지속되어야 한다.

6 다음 사례를 보고 DSM-5-TR 진단명을 쓰시오.

- 유치원생 6살 혜민(가명)는 집에서는 말도 잘하고, 가족들과 활발하게 소통하나 유치원에 다니면서는 선생님과 친구들과 전혀 말을 하지 않았다. "혜민아~"하고 이름을 불러도 대답하지 않고, 질문을 해도 고개만 끄덕이거나 침묵으로 일관하였다. 처음에는 유치원 선생님은 혜민이가 수줍은 아이인가 싶어서 지켜보았지만 몇 달이 지나도 상황이 나아지지 않았다.
반면에 집에 돌아오면 밝은 목소리로 유치원에서 있었던 일을 가족들에게 도란도란 이야기하였따. 혜민이는 유치원에서만 말을 하지 않았다.

7 다음은 선택적함구증 진단기준(DSM-5)이다. ㉠의 빈칸을 채우시오.

> 선택적 함구증 진단기준 (DSM-5-TR)
>
> A. 다른 상황에서는 말을 할 수 있음에도 불구하고 말을 할 것으로 기대되는 특정 사회적 상황(예 학교)에서 지속적으로 말을 하는 것을 실패한다. (말을 하지 않는다.)
> B. 장애가 학습이나 직업상의 성취 혹은 사회적 소통을 방해한다.
> C. 이러한 증상이 최소 (㉠)개월 이상 지속된다.(학교생활의 첫 1개월에만 국한되지 않는 경우)
> D. 말을 못하는 이유가 사회적 상황에서 필요한 말에 대한 지식이 부족하거나, 언어가 익숙하지 않은 것으로 인해 말을 하지 않는 것이 아니다.
> E. 장애가 의사소통장애(예 아동기 발병 유창성장애)로 더 잘 설명되지 않고, 자폐스펙트럼장애, 조현병 또는 다른 정신병적 장애의 경과 중에만 발생되지는 않는다.

8 다음 사례를 보고 DSM-5-TR 진단명을 쓰시오.

- 대학생 아영(가명)이는 어느날 엘리베이터를 타던 중 가슴이 쿵쾅거리고 불안을 느끼게 되었다. 그 이후 엘리베이터를 타는 상황이 되면 심장이 쿵쾅거리고 극심한 두려움을 느끼게 되었다. 엘리베이터를 타야할 상황이 되면 심장이 빨리 뛰고, 숨이 막히고, 식은땀이 나서, 집이 아파트 12층인데도 엘리베이터 타는 게 두려워서 계단으로 가고, 엘리베이터를 타야하는 모든 상황은 회피하고 계단을 이용하였다.

9 다음은 특정공포증 진단기준(DSM-5)이다. ㉠의 빈칸을 채우시오.

> **특정공포증 진단기준 (DSM-5-TR)**
> A. 특정 대상이나 상황에 대해서 극심한 공포나 불안이 있다.
>   (예 비행기 타기, 고공, 동물, 주사 맞기, 피를 봄)
> B. 공포 대상이나 상황은 거의 항상 즉각적인 공포나 불안을 유발한다.
> C. 공포 대상이나 상황을 적극적으로 회피하거나 아주 극심한 공포나 불안을 경험하면서 참아낸다.
> D. 공포나 불안이 특정 대상이나 상황이 줄 수 있는 실제 위험에 대한 것보다 극심하며, 사회문화적 맥락에서 통상적으로 받아들여지는 것보다 심하다.
> E. 공포, 불안, 회피 반응은 전형적으로 (㉠)개월 이상 지속된다.
> F. 공포, 불안, 회피는 사회적 직업적 또는 다른 중요한 기능 영역에서 임상적으로 현저한 고통이나 손상을 초래한다.
> G. 장애가 다른 정신질환으로 더 잘 설명되지 않는다.

10 다음 사례를 보고 DSM-5-TR 진단명을 쓰시오.

> - 20대 직장인 A씨는 주말이 돼서 백화점에 옷을 쇼핑하러 갔다. 봄옷을 살 마음에 기분좋게 백화점에 갔지만, 사람들이 많은 것을 보고 심한 어지럼증, 숨막힘, 가슴두근거림이 느껴졌고, 사람들 사이에 갇힌 듯한 느낌이 들었고, 백화점에서 빠져나갈 수 없을 것 같은 느낌이 들었다.
> - 이후에는 백화점 뿐만 아니라, 쇼핑몰, 마트, 영화관을 갈 때도 남자친구와 함께 있을 때는 그나마 나았지만, 혼자서 외출할 때는 "밖에 나갔다가 또 그런 일이 생기면 도망칠 수 없을 거야"라고 생각하면서 혼자서는 외출자체가 불가능해졌다.

11. 다음은 광장공포증 진단기준(DSM-5)이다. ㉠~㉣의 빈칸을 채우시오.

광장공포증 진단기준 (DSM-5-TR)

A. 다음 5가지 상황 중 2가지(또는 그 이상)에 대한 현저한 공포 또는 불안
  1. (㉠) 이용
  2. 개방된 장소(예 주차장, 시장, 다리)에 있는 것
  3. (㉡) 이용
  4. 줄을 서거나 군중 속에 있는 것
  5. (㉢) 이용
B. 공황 유사 증상이나 무능력하거나 당혹스럽게 만드는 다른 증상(예 노인에서 낙상에 대한 공포, 실금에 대한 공포)이 발생할 경우 그 상황을 벗어나거나 도움을 받기 어려울 것이라는 생각 때문에 해당 상황을 두려워하거나 피한다.
C. 광장공포증 상황은 거의 항상 공포나 불안을 야기한다.
D. 광장공포증 상황을 적극적으로 회피하거나, 동반인을 필요로 하거나, 강렬한 공포와 불안 속에서 견뎌낸다.
E. 공포나 불안은 광장공포상황이나 사회문화적 맥락에 의해 유발되는 실제 위험과 비례하지 않는다.
F. 공포, 불안, 회피 반응은 전형적으로 (㉣)개월 또는 그이상 지속된다.

12. 다음 사례를 보고 DSM-5-TR 진단명을 쓰시오.

- 대학교 3학년 간호학과 나리(가명)은 요즘 학교에 다니는 것이 고역이다. 1,2학년때는 조별발표가 그나마 많이 없었으나 3학년이 들어가면서 병원실습을 하면서 조별 발표를 하는 경우가 많아졌다. 발표 전날에는 극심한 긴장과 불안으로 잠을 거의 자지 못하고, 발표당일에는 손을 떨거나 얼굴이 홍당무가 되는 경우가 많다. 사람들의 시선이 자신에게 쏠릴까봐 두려워하고, 발표하기 전에 "내가 실수하면 어쩌지.", "발표후에 애들이 나를 바보라고 생각하면 어쩌지."란 생각이 많았고, 발표가 끝난 이후에도 "이 말이 이상했나?", "나를 이상하게 보는 건 아닐까?" 자책하는 경우가 많았다.

13 사회불안장애의 '사회적 불안'과 '수행 불안'의 개념을 각각 쓰시오.

14 다음은 사회불안장애 진단기준(DSM-5)이다. ㉠~㉢의 빈칸을 채우시오.

사회불안장애 진단기준 (DSM-5-TR)

A. 타인에게 면밀하게 (㉠)될 수 있는 하나 이상의 (㉡)에 대한 두드러진 공포 혹은 불안 그 예로는 사회적 관계(예 대화하기, 낯선 사람 만나기), 관찰됨(예 음식을 먹기, 마시기), 타인 앞에서의 수행 (예 연설하기) 등이 포함된다.
B. (㉢)(즉, 수치스럽거나 부끄러움, 타인에게 거부당하거나 거부감을 줌)되는 방식으로 행동하거나 불안증상을 보일 것을 두려워한다.
C. 이러한 사회적 상황이 거의 항상 공포나 불안을 일으킨다.
   주의점: 아동에서 공포 혹은 불안은 울기, 쌩떼 부리기, 경직, 매달리기, 움츠러들기, 혹은 사회적 상황에서 말하지 못하는 것으로 표현될 수 있다.
D. 이러한 사회적 상황을 회피하거나 극심한 공포와 불안 속에 견딘다.
E. 공포 혹은 불안은 사회적 상황이 주는 실제 위협과 사회문화적 맥락에 비례하지 않는다.
F. 공포, 불안, 혹은 회피는 지속적이며 전형적으로 (㉣)개월 이상 지속된다.
G. 공포, 불안, 회피는 사회적, 직업적, 또는 다른 중요한 기능 영역에서 임상적으로 현저한 고통이나 손상을 초래한다.
H. 공포, 불안, 회피는 물질(예 남용약물, 치료약물)의 생리적 효과나 다른 의학적 상태로 인한 것이 아니다.
I. 공포, 불안, 회피는 공황장애, 신체이형장애, 자폐스펙트럼장애와 같은 다른 정신질환으로 더 잘 설명되지 않는다.
J. 만약 다른 의학적 상태(예 파킨슨병, 비만, 화상이나 손상에 의한 신체 훼손)가 있다면, 공포, 불안, 회피는 이와 무관하거나 혹은 지나칠 정도다.
다음의 경우 명시할 것
수행 시 한정 : 공포가 대중 앞에서 말하거나 수행하는 것에 국한되는 경우

15 '공황발작'의 개념을 쓰시오.

16 Clark의 공황장애 인지이론에서 '공황발작이 발생하는 이유'를 서술하시오.

17 '예기불안'의 개념을 쓰시오.

18 공황장애시 사용하는 FDA에 승인을 받은 벤조디아제핀계 약물 1가지의 명칭을 쓰시오.

19 벤조디아제핀 약물을 갑작스러운 중단을 피하고, 1~2주에 걸쳐 서서히 감량 해야하는 이유를 쓰시오.

20 벤조디아제핀 약물을 4~6주 이상 사용하지 않아야 하는 이유(약물을 짧게 사용해야 하는 이유)를 서술하시오.

21 공황장애 명시자 13가지 중 신체증상 10가지와 정서(인지)증상 3가지를 구분해서 적으시오.

22 다음은 공황발작이 발생한 후 나타나는 증상의 특징이다. 해당 개념을 쓰시오.

- 지하철에서 가슴이 뛰고 숨이 막히고, 죽을 것 같은 강한 공포인 공황발작을 느끼고 난 이후에는 지하철을 타지 않았고, 이후 버스, 기차, 지하철 까지도 피하게 됨. 점점 마트, 영화관 등도 가지 않고 피하게 됨

23 공황장애는 악순환 고리를 끊어내는 것이 중요하다. 악순환 고리의 3요소를 쓰시오.

24 공황장애 대상자들에게 흔히 나타나는 '회피'의 개념을 적으시오.

25 공황장애를 지속시키는 3가지 습관으로 ① 신체감각에 대한 왜곡된 해석, ② 위험한 신체 감각을 끊임없이 체크, ③ 회피와 안전행동이 있다. ③ 회피와 안전행동이 공황장애를 지속시키는 이유를 서술하시오.

26 공황장애 대상자에게 적용할 수 있는 '인지재구성' 예를 1가지 이상 드시오.

27 전환요법이 공황장애 대상자에게 도움이 되는 이유를 서술하시오.

28 다음 사례를 보고 DSM-5-TR 진단명을 쓰시오.

- 직장인 30대 초반 예은(가명)은 평상시에 걱정이 많은 스타일이다. 이 직장을 내가 평생 다닐수 있을까? 직장에서 해고되면 머 먹고 살지? 돈이 이거밖에 없는데 내가 암이라도 걸리면 어떡하지? 남자친구가 최근에 많이 피곤해하던데 갑자기 심장마비로 죽으면 어떡하지? 등 일, 건강, 가족, 미래, 친구 등 다양한 것들에 대해 늘 걱정과 불안이 많다. TV에서 재난사고가 난 뉴스를 보면 자기일처럼 걱정이 되고, 피로, 집중력 저하, 근육 긴장, 수면 장애 등의 문제로 직장생활에까지 지장을 받고, 위 증상이 6개월 이상 지속되고 있다.

PART 16

강박장애

1 강박장애의 원인
2 강박장애 증상
3 강박장애 대상자 특징
4 강박장애 유병률 및 영향
5 강박장애 치료
6 강박장애 간호중재
7 강박장애 진단

1 강박장애를 일으키는 '침투적 사고'와 '자동적 사고'의 개념을 쓰시오.

2 강박장애 대상자에게 흔히 발생하는 방어기전(기제) 4가지를 쓰시오.

3 '강박적 반추'의 개념을 서술하시오.

4 '강박사고'와 '강박행동'의 개념을 각각 쓰시오.

5 강박장애 대상자들이 강박행동으로 중화반응과 회피반응을 하는 이유를 서술하시오.

6 강박장애 대상자들의 일반적인 '병식'의 특징을 쓰고, 강박장애 대상자의 ①~③의 각각의 병식의 특징을 한 줄로 쓰시오.

- ① 좋거나 양호한 병식동반, ② 저하된 병식동반, ③ 병식 없음/망상적 믿음 동반

7 강박장애 대상자들의 강박행동을 저지, 억압하면 안되는 이유를 쓰시오.

8 강박장애 대상자들이 사고억제를 할수록 나타나는 증상을 쓰시오.

9 다음 사례를 보고 DSM-5-TR 진단명을 쓰시오.

- "선생님, 제 딸이 얼마 전부터 '코가 자꾸커진다. 자고 일어나면 코가 커져서 너무 괴롭다.'라며 엉엉 우네요. 누가 봐도 코가 커진 것도 없고 자로 재서 확인을 시켜 줘도 믿지 않고, 왜 자기 말을 안 믿어주느냐며 울고불고 그래요. 학교도 안 가고, 성형수술을 받아야 한대요.
멀쩡한 코가 커진다니 이게 도대체 무슨 병이에요?
예전부터 자기 얼굴 사진을 많이 찍고, 자기 사진만 계속 쳐다보는 아이였는데 …"

10 다음 사례를 보고 DSM-5-TR 진단명을 쓰시오.

- 중년남성 A씨는 평소에도 근검절약을 중시하여 물건을 잘 버리지 못하는 성격이다. 실직을 하게 된 3년 전부터 신문지, 헌 신발, 헌 가방 등과 같이 불필요한 물건을 일체 버리지 않고 모아두기 시작했다. 그뿐만 아니라 아파트 재활용 버리는 날에 남들이 버린 물건들까지 모두 주워와 집안에 차곡차곡 쌓아놓았다.
아내와 딸들은 제발 물건을 버리거나 당근에 물건을 팔아버리라고 하지만 본인은 물건들을 보물 다루듯이 보관하였다. 결국 수집 소유물이 많아져 베란다, 거실 뿐 아니라 안방까지 가득차게 되었다.

11 다음 사례를 보고 DSM-5-TR 진단명을 쓰시오.

- 고등학교 2학년 건우(가명)은 공부스트레스를 받을 때면 자신도 모르게 머리카락을 뽑는 습관이 생겼다. 처음에는 앞머리 한두가닥이었지만 점점 스트레스를 받을 때 머리카락을 뽑게 되어 앞머리가 휑하게 되어 남들이 혹시라도 볼까봐 외출할 때는 모자를 쓰게 되었다.

12 발모광 대상자가 머리카락을 뽑는 이유를 쓰시오.

13 다음 사례를 보고 DSM-5-TR 진단명을 쓰시오.

- 대학교 4학년인 건희(가명)은 최근 취업에 대한 스트레스가 많은 편이다. 대학교 1,2학년 때 학교생활에 충실하지 못하여 학점이 좋지 않아 중간고사와 기말고사를 볼 때면 스트레스를 받아 자신도 모르게 손으로 얼굴이나 팔의 작은 각질이나 여드름을 만져다가 뜯어내는 습관이 있었다. 피부에 상처가 나고 딱지가 생겨도 계속 만지고 피부를 뜯는 걸 멈추고 싶어도 잘 조절되지 않는다고 말하였다.

14 다음에서 설명하는 발모광 대상자의 인지행동치료법의 명칭을 쓰시오.

- 머리카락을 뽑을까봐 독서할 때는 두 손을 책 위에 올려놓기, TV 볼 때는 아령을 잡고 있기 등

PART 17

파괴적, 충동조절, 그리고 품행장애

1 적대적 반항장애
2 품행장애
3 간헐적 폭발장애
4 병적 방화
5 병적 도벽

1 다음은 적대적 반항장애 진단기준이다. ㉠~㉥의 빈칸을 채우시오.

적대적 반항장애 진단기준 (DSM-5-TR)
A. (㉠), 논쟁적/반항적 행동 또는 (㉡)이 적어도 (㉢)개월 이상 지속되고, 다음 중 적어도 4가지 이상의 증상이 존재한다. 이러한 증상은 형제나 자매가 아닌 적어도 한 명 이상의 다른 사람과의 상호작용에서 나타나야 한다. B. 행동 장애가 개인 자신에게, 또는 자신에게 직접적으로 관련 있는 사회적 맥락(예 가족, 또래집단, 동료)내에 있는 상대방에게 고통을 주며, 그 결과 사회적, 학업적, 직업적, 또는 다른 중요한 기능 영역에서 부정적인 영향을 준다. C. 행동은 정신병적 장애, 물질사용장애, 우울장애 또는 양극성장애의 경과 중에만 국한에서 나타나지 않는다. 또한 파괴적 기분조절부전장애의 진단기준을 충족하지 않아야 한다.
현재의 심각도를 명시할 것 • 경도: 증상이 (㉣) 상황에서만 나타나는 경우 • 중등도: 증상이 적어도 (㉤)상황에서 나타나는 경우 • 고도: 증상이 (㉥) 이상의 상황에서 나타나는 경우

2 다음 사례를 보고 DSM-5-TR 진단명을 쓰시오.

• 초등학교 4학년 은호(남자, 가명)은 엄마가 "숙제를 해야지. 숙제하자"고 이야기하면, "내가 왜 숙제를 해야해요?"라고 말하며 반항하며, 화를 내는 일이 잦았다. 학교 선생님들에게 자주 말대꾸하면서 대드는 일이 많았고, 감정기복이 심하며 쉽게 짜증을 내며, 권위 있는 사람에게 유난히 반항하는 모습을 보였다.

3 다음은 품행장애 진단기준이다. ㉠~㉱의 빈칸을 채우시오.

품행장애 진단기준 (DSM-5-TR)

A. 다른 사람의 기본적 권리를 침해하고 연령에 적절한 사회적 규범 및 규칙을 위반하는 지속적이고 반복적인 행동양상으로, 지난 (㉠)개월 동안 다음의 15개 기준 중 적어도 (㉡)개 이상에 해당되고, 지난 (㉢) 개월 동안 적어도 (㉣)개 이상의 기준에 해당된다.
   (㉤)
   1. 자주 다른 사람을 괴롭히거나, 위협하거나, 협박한다.
   2. 자주 신체적인 싸움을 건다.
   3. 다른 사람에게 심각한 신체적 손상을 입힐 수 있는 무기를 사용한다.
      (예 방망이, 벽돌, 깨진 병, 칼, 총)
   4. 다른 사람에게 신체적으로 잔인하게 대한다.
   5. 동물에게 신체적으로 잔인하게 대한다.
   6. 피해자가 보는 앞에서 도둑질을 한다. (예 노상강도, 소매치기, 강탈, 무장강도)
   7. 다른 사람에게 성적 활동을 강요한다.

   재산 파괴
   8. 심각한 손상을 입히려는 의도로 고의적으로 불을 지른다.
   9. 다른 사람의 재산을 고의적으로 파괴한다. (방화로 인한 것은 제외)
      (㉥)
   10. 다른 사람의 집, 건물 또는 자동차에 무단으로 침입한다.
   11. 어떤 물건을 얻거나 환심을 사기 위해 또는 의무를 피하기 위해 거짓말을 자주 한다. (즉, 다른 사람을 속임)
   12. 피해자와 대면하지 않은 상황에서 귀중품을 훔친다. (예 부수거나 침입하지 않고 상점에서 물건 훔치기, 문서 위조)
      (㉦)
   13. 부모의 제지에도 불구하고 13세 이전부터 자주 밤늦게까지 집에 들어오지 않는다.
   14. 친부모 또는 양부모와 같이 사는 동안 밤에 적어도 2회 이상 가출, 또는 장기간 귀가하지 않은 가출이 1회 있다.
   15. (㉧)세 이전에 무단결석을 자주 함
B. 행동 장애가 사회적, 학업적, 또는 직업적 기능 영역에서 임상적으로 현저한 손상을 초래한다.
C. (㉨)세 이상일 경우, 반사회성 성격장애의 기준에 부합되지 않는다.

현재의 심각도를 명시할 것
- 경도: 진단을 충족시키는 품행 문제가 있더라도, 행동문제의 수가 적고, 다른사람에게 가벼운 해를 끼치는 경우
  (예 거짓말, 무단결석, 허락없이 밤늦게까지 집에 들어가지 않는 것, 기타 규칙위반)
- 중등도: 품행문제의 수와 다른사람에게 끼친 영향의 정도가 '경도'와 '고도'의 중간에 해댕되는 경우(예 피해자와 대면하지 않는 상황에서 도둑질하기, 공공기물 파손)
- 고도: 진단을 충족시키는 품행 문제가 많거나, 또는 다른사람에게 심각한 해를 끼치는 경우
  (예 강요된 성관계, 신체적 잔임함, 무기 사용, 피해자가 보는 앞에서 도둑질, 파괴와 침입)

4 다음은 품행장애 진단기준이다. ㉠~㉺의 빈칸을 채우시오.

품행장애 진단기준 (DSM-5-TR)

A. 다른 사람의 기본적 권리를 침해하고 연령에 적절한 사회적 규범 및 규칙을 위반하는 지속적이고 반복적인 행동양상으로, 지난 (㉠)개월 동안 다음의 15개 기준 중 적어도 (㉡)개 이상에 해당되고, 지난 (㉢) 개월 동안 적어도 (㉣)개 이상의 기준에 해당된다.

  (㉤)

  1. 자주 다른 사람을 괴롭히거나, 위협하거나, 협박한다.
  2. 자주 신체적인 싸움을 건다.
  3. 다른 사람에게 심각한 신체적 손상을 입힐 수 있는 무기를 사용한다.
     (예 방망이, 벽돌, 깨진 병, 칼, 총)
  4. 다른 사람에게 신체적으로 잔인하게 대한다.
  5. 동물에게 신체적으로 잔인하게 대한다.
  6. 피해자가 보는 앞에서 도둑질을 한다. (예 노상강도, 소매치기, 강탈, 무장강도)
  7. 다른 사람에게 성적 활동을 강요한다.

  재산 파괴
  8. 심각한 손상을 입히려는 의도로 고의적으로 불을 지른다.
  9. 다른 사람의 재산을 고의적으로 파괴한다. (방화로 인한 것은 제외)

  (㉥)

  10. 다른 사람의 집, 건물 또는 자동차에 무단으로 침입한다.
  11. 어떤 물건을 얻거나 환심을 사기 위해 또는 의무를 피하기 위해 거짓말을 자주 한다. (즉, 다른 사람을 속임)
  12. 피해자와 대면하지 않은 상황에서 귀중품을 훔친다.
     (예 부수거나 침입하지 않고 상점에서 물건 훔치기, 문서 위조)

  (㉦)

  13. 부모의 제지에도 불구하고 13세 이전부터 자주 밤늦게까지 집에 들어오지 않는다.
  14. 친부모 또는 양부모와 같이 사는 동안 밤에 적어도 2회 이상 가출, 또는 장기간 귀가하지 않은 가출이 1회 있다.
  15. (㉧)세 이전에 무단결석을 자주 함

B. 행동 장애가 사회적, 학업적, 또는 직업적 기능 영역에서 임상적으로 현저한 손상을 초래한다.
C. (㉨)세 이상일 경우, 반사회성 성격장애의 기준에 부합되지 않는다.

5 다음 사례를 보고 DSM-5-TR 진단명을 쓰시오.

- 이○○(17세)의 어머니는 이○○가 신체적으로 아무런 문제도 없고 평소에는 괜찮은데, 사소한 상황에서 지나치게 화를 내고 공격적으로 변한다며 걱정이 되어 담임교사를 찾아왔다. 어머니가 말리려고 해도 아무 소용이 없고, 발작적이고 폭발적으로 기물을 부수고 소리를 지른다고 한다. 여러 차례 이런 일이 있었고, 한번은 어머니가 운전하면서 함께 차를 타고 가다가 화가 난다고 의자를 발로 차고 소리를 질러 차 내부가 일부 파손되고 사고의 위험도 있었다고 한다. 이○○는 이런 행동에 대해 후회스럽고 어머니께 미안하지만, 이런 행동을 하지 말아야 하는 걸 알면서도 강렬한 충동으로 어쩔 수 없다고 한다.

6 다음 사례를 보고 DSM-5-TR 진단명을 쓰시오.

- 중학교 2학년 최○○은 최근 1학년 학생을 때리고, 돈을 뺏는 일이 발생하여 학교폭력위원회가 열렸고, 최○○의 부모가 학교에 가서 사과하는 일이 많아졌다. 중학교에 들어서면서 점점 성적도 떨어지고, 흡연을 하기 시작하였다. 또한 학교에 결석과 지각이 잦았으나 부모에게는 거짓말을 하고 학교를 가는척 하였다. 쉬는 시간이나 점심시간에는 같은 반 친구들도 괴롭히며, 자주 시비를 걸어 신체적인 싸움이 난다고 한다.

  이에, 최○○의 부모가 이를 꾸짖고, 강하게 혼내자 오히려 반항심과 분노가 증가하여 가출을 하는 상황까지 왔다. 잘못을 지적하고, 다시는 돈을 뺏거나 학생을 때리지 말라고 해도 본인의 행동에 대해 후회하거나 죄책감을 느끼지 못하였다.

7 다음은 간헐적 폭발장애 진단기준이다. ㉠~㉥의 빈칸을 채우시오.

간헐적 폭발장애 진단기준 (DSM-5-TR)

A. 공격적인 충동을 통제하지 못해서 보이는 반복적인 (㉠)로, 다음의 항목 중 하나를 특징적으로 보인다.
   1. 언어적 공격성(예 분노발작, 장황한 비난, 논쟁이나 언어적 다툼) 또는 재산, 동물, 타인에게 가하는 신체적 공격성이 (㉡)개월 동안 평균적으로 일주일에 (㉢)회 이상 발생함. 신체적 공격성은 재산 피해나 재산 파괴를 초래하지 않으며, 동물이나 다른 사람에게 상해를 입히지는 않는다.
   2. 재산 피해나 파괴 그리고/또는 동물이나 다른 사람에게 상해를 입힐 수 있는 신체적 폭행을 포함하는 폭발적 행동을 (㉣)개월 이내에 (㉤)회 보인다.
B. 반복적인 행동폭발 동안 표현된 공격성의 정도는 정신사회적 스트레스 요인에 의해 촉발되거나 유발되는정도를 심하게 넘어선 것이다.
C. 반복적인 공격적 행동폭발은 미리 계획된 것이 아니며(예 충동적 그리고/혹은 분노로 유발된 행동), 가시적인 목표를 달성하기 위해 저질러진 행동이 아니다.(예 돈, 권력, 협박.
D. 반복적인 공격적 행동폭발은 개인에게 현저한 심리적 고통을 유발하거나, 직업적 또는 대인관계 기능에 손상을 주거나, 경제적 또는 법적인 문제와 관련된다.
E. 생활연령은 적어도 (㉥)세 이상이다.
F. 반복적인 공격적 행동폭발이 다른 정신질환으로 더 잘 설명되지 않으며 다른 의학적 상태의 생리적 효과로 인한 것이 아니다. 6~18세 아동의 경우에 적응장애의 일부로 보이는 공격적 행동을 이 진단으로 고려해서는 안된다.

PART 18

외상, 스트레스 관련 장애

1 외상, 스트레스 관련 장애 개요
2 외상, 스트레스 관련 장애 종류

1 다음은 외상후 스트레스 장애 대상자에게 흔히 보이는 방어기전(기제)이다. ㉠~㉣에서 설명하는 방어기전의 명칭을 각각 쓰시오.

- ㉠ 교통사고 후 "아무일도 아니었어."라고 말함
- ㉡ 성폭행 피해자가 "나는 강하다. 아무일도 아니었다"라고 과장되게 긍정적으로 이야기함
- ㉢ 성폭행 대상자는 그 사실을 기억하지 못하나, 야구모자만 보면 이유없이 불안해짐
- ㉣ 음주운전 사고로 친구를 다친 사람이 친구에게 계속해서 고가의 선물을 하는 경우

2 외상후 스트레스 장애 대상자의 '외상'(트라우마)의 개념을 쓰시오.

3 반응성 애착장애 대상자의 주양육자에게 받은 외상의 특징을 쓰시오.

4 반응성 애착장애 대상자의 탈억제 증상의 특징을 서술하시오.

5 다음은 반응성 애착장애 진단기준이다. ㉠, ㉡의 빈칸을 채우시오.

반응성 애착장애 진단기준 (DSM-5-TR)

A. 성인 보호자에 대한 억제되고 감정적으로 위축된 행동의 일관된 양식이 다음의 2가지 모두로 나타난다.
  1. 아동은 정신적 고통을 받을 때 거의 안락을 찾지 않거나 최소한의 정도로만 안락을 찾음
  2. 아동은 정신적 고통을 받을 때 거의 안락에 대한 반응이 없거나 최소한의 정도로만 안락에 대해 반응함
B. 지속적인 사회적·감정적 장애가 다음 중 최소 2가지 이상으로 나타난다.
  1. 타인에 대한 최소한의 사회적·감정적 반응성
  2. 제한된 긍정적 정동
  3. 성인 보호자와 비위협적인 상호작용을 하는 동안에도 설명되지 않는 과민성, 슬픔 또는 무서움의 삽화
C. 아동이 불충분한 양육의 극단적인 양식을 경험했다는 것이 다음 중 최소 한 가지 이상에서 분명하게 드러난다.
  1. 성인 보호자에 의해 충족되는 안락과 자극, 애정 등의 기본적인 감정적 요구에 대한 지속적인 결핍이 사회적 방임 또는 박탈의 형태로 나타남
  2. 안정된 애착을 형성하는 기회를 제한하는 주 보호자의 반복적인 교체
    (예 위탁 보육에서의 잦은 교체)
  3. 선택적 애착을 형성하는 기회를 심각하게 제한하는 독특한 구조의 양육
    (예 아동이 많고 보호자가 적은 기관)
D. 진단기준 C의 양육이 진단기준 A의 장애 행동에 대한 원인이 되는 것으로 추정된다.
  (예 진단기준 A의 장애는 진단기준 C의 적절한 양육 결핍 후에 시작했다.)
E. 진단기준이 자폐스펙트럼장애를 만족하지 않는다.
F. 장애가 (㉠)세 이전에 시작된 것이 명백하다.
G. 아동의 발달 연령이 최소 (㉡)개월 이상이어야 한다.

6 다음 사례를 보고 DSM-5-TR 진단명을 쓰시오.

- 간호학과 3학년인 김OO 학생은 집근처 보육원에 간호봉사활동을 나갔다.
  보육원에 들어가자마자 5살 남자아이가 팔을 번쩍 올리며 안아달라고 하며, 김OO 학생만 졸졸 따라다니며 방긋방긋 웃었다. 또한 김OO 학생의 무릎에 앉기기도 하였다.

7 다음은 호로위츠의 외상후 스트레스-반응 5단계이다. 1단계 절규단계-2단계 회피단계-3단계 (㉠)-4단계 (㉡)-5단계 통합단계로 이루어진다. ㉠, ㉡ 단계의 명칭을 쓰고, 이 단계의 특징을 서술하시오.

8 외상후 스트레스 장애 박살간 가정이론 (야노프-불만)에서는 PTSD의 원인을 (㉠)로 보았으며, (㉡)신념을 가진 사람일 수록 PTSD가 더 심하게 온다. ㉠, ㉡의 빈칸을 채우시오.

9 외상후 스트레스 장애 박살간 가정이론 (야노프-불만)의 3가지 기본 신념에 대해 쓰시오.

10 외상후 스트레스 장애 대상자가 경험하는 '플래시백(flashback)'의 개념을 쓰시오.

11 외상후 스트레스 대상자의 인지행동치료인 '적응적 노출'의 개념과 효과를 각각 서술하시오.

12 외상후 스트레스 대상자의 인지행동치료인 '지속적 노출치료'의 효과를 쓰시오.

13 외상후 스트레스 대상자의 인지행동치료인 '인지처리치료'의 개념을 서술하시오.

14 다음은 외상후 스트레스 진단기준이다. ㉠~㉢의 빈칸을 채우시오.

- 재경험, 회피, (㉠), (㉡)의 증상을 보이며, 증상지속기간이 최소 (㉢)개월 이상이어야 한다.

15 다음 사례를 보고 DSM-5-TR 진단명을 쓰고, 아래 사례에서 나타는 증상을 모두 쓰시오.

- 22살 방OO은 8개월 전에 등교 중 횡단보도를 건너다가 교통사고를 당하였다고 함. 사고 당시 의식을 잃지는 않았으나, 여러 신체부위에 골절을 당하여 응급 수술을 받았다고 함. 이후 교통사고가 일어나는 끔찍한 꿈을 반복적으로 꾸어 괴롭다고 함. 학교 버스 타는 것을 피하게 되고, 횡단보도 앞에서 갑자기 극심한 두려움을 느꼈다고 함. 그리고 친구들이 교통사고에 대해 물어보면 대화를 피하게 되고, TV에서 교통사고 장면이 나오면 자신의 사고 장면이 떠올라 TV를 꺼야 한다고 함

16 다음은 급성스트레스 장애시 나타나는 증상이다. 증상의 명칭을 쓰시오.

- 기억과 연결된 생각, 감정, 감각, 행동을 분리시키는 현상으로 외상적 기억과 감정을 차단함
  → 강력한 외상에 노출되었을 때 일시적으로 자신을 보호하기 위한 기능임
  → 점차 현실을 수용함에 따라 증상도 완화됨

17 다음 사례를 보고 DSM-5-TR 진단명을 쓰시오.

- 대학교 1학년 은혜(가명)은 2주 전에 집앞에서 큰 교통사고를 목격하였고, 바로 사고근처에서 사람들이 통증으로 고통스러워 하거나 숨을 못 쉬고 피를 흘리는 장면을 목격하였다. 그날 이후 사고 장면이 자꾸 머릿속에 떠오르고, 자려고 해도 교통사고 장면이 떠올라서 잠을 잘 수가 없게 되었다. 그날 이후 교통사고가 난 장소를 피해 집을 가기 위해 빙빙 돌아서 집에 갔고, 사람들과 말하는 것도 힘들어지고 머리가 멍해지고 현실감이 떨어진 것 같은 느낌을 받았다.

18 다음 사례를 보고 DSM-5-TR 진단명을 쓰시오.

- 30대 중반인 김OO은 연봉도 높고, 회사가 집이랑도 가까워서 새로운 직장으로 이직하였다. 새로운 직장에서의 팀장은 김OO에게 온화하고, 일도 잘 가르쳐주었지만, 김OO은 본인의 능력을 보여, 실적을 채워야 한다는 압박감에 출근하기 전날인 일요일밤부터는 머리가 아프고, 안절부절하며, 이번주는 어떤 일들이 펼쳐질까 과도한 걱정으로 날을 지새우기도 하였다. 새로운 직장에서 동료들과도 친하게 지내지 못해 점심시간에는 늘 혼자 점심을 먹는 경우가 많았고, 직장에서 혼자 지내는 시간이 많아졌다.
점점 회사에 가기 싫다는 생각이 들었고, 괜히 직장을 이직했나 하는 생각에 우울감에 빠지기도 하였다.

19 다음은 적응장애 진단기준이다. ㉠, ㉡의 빈칸을 채우시오.

적응장애 진단기준 (DSM-5-TR)
A. 인식 가능한 스트레스 요인에 대한 반응으로 감정적 또는 행동적 증상이 스트레스 요인(들)이 시작한 지 (㉠)개월 이내에 발달
B. 이러한 증상 또는 행동은 임상적으로 현저하며, 다음 중 한 가지 또는 모두에서 명백하다. 　1. 증상의 심각도와 발현에 영향을 미치는 외적 맥락과 문화적 요인을 고려할 때 스트레스 요인의 심각도 또는 강도와 균형이 맞지 않는 현저한 고통 　2. 사회적, 직업적, 또는 다른 중요한 기능 영역에서 현저한 손상
C. 스트레스와 관련된 장애는 다른 정신질환의 기준을 만족하지 않으며 이미 존재하는 정신질환의 단순한 악화가 아니다.
D. 증상은 정상 애도 반응을 나타내는 것이 아니며 지속적 비탄장애로 더 잘 설명되지 않는다.
E. 스트레스 요인 또는 그 결과가 종료된 후에 증상이 추가 (㉡)개월 이상 지속하지 않는다.

PART 19

해리 장애

1 해리 장애 개념 및 증상
2 해리장애 종류

1 다음의 진단기준을 보고 해당 DSM-5-TR 진단명을 쓰시오.

A. 둘 또는 그이상의 별개의 성격 상태로 특징되는 정체성의 붕괴로, 어떤 문화권에서는 빙의경험으로 설명된다. 정체성의 붕괴는 자기감각과 행위 주체감에 현저한 비연속성을 포함하는데, 관련된 변화가 정동, 행동, 의식, 기억, 지각, 인지, 그리고/또는 감각-운동 기능에 동반된다.
이러한 징후와 증상들은 다른 사람들의 관찰이나 개인의 보고에 의해 알 수 있다.

B. 매일의 사건이나 중요한 개인적 정보, 그리고/또는 외상적 사건의 회상에 반복적인 공백으로 통상적인 망각과는 일치하지 않는다.

2 ㉠~㉢에서 설명하는 해리성 기억상실의 종류와 개념을 각각 서술하시오.

㉠ 가족의 교통사고로 장례를 치루고, 사고가 났다는 것은 기억하지만, 사고순간과 가족이 사망한 장면은 기억하지 못함
㉡ "교통사고를 당했는데, 그날 일은 기억이 전혀 안 나!"
㉢ 내 부모님에 대해서만 전혀 기억나지 않아." (부모에게 학대당한 경우)

PART 20

신체증상 및 관련장애

1 신체증상 및 관련장애 개요
2 신체증상 및 관련장애 종류

1 신체증상 장애 대상자에게 나타나는 '감정표현 불능증'의 정의를 쓰시오.

2 신체증상장애 대상자의 원인으로 일차적 이득과 이차적 이득이 있다. 일차적 이득과 이차적 이득의 개념을 각각 쓰시오.

3 다음의 진단기준을 보고 해당 DSM-5-TR 진단명을 쓰시오.

A. 고통스럽거나 일상에 중대한 지장을 일으키는 하나 이상의 신체 증상이다.
B. 신체 증상 혹은 건강염려와 관련된 과도한 생각, 느낌 또는 행동이 다음 중 하나 이상으로 표현되어 나타난다.
   1. 증상의 심각성에 대해 편중되고 지속적인 생각
   2. 건강이나 증상에 대한 지속적으로 높은 단계의 불안
   3. 이러한 증상들 또는 건강염려에 대해서 과도한 시간과 에너지 소비
C. 어떠한 하나의 신체 증상이 지속적으로 나타나지 않더라도 증상이 있는 상태가 지속된다. (전형적으로 6개월 이상)

4 다음의 사례를 보고 해당 DSM-5-TR 진단명을 쓰시오.

- 최OO은 최근 가벼운 복통이 있어 원인을 알기 위해 병원을 찾았다.
  원인이 될 수 있는 것들 중 최악의 경우인 소화기계 암을 의심하여 검사도 받기 전에 이미 암으로 단정해버리고 불안해하며 암 검사를 해달라고 의사에게 떼를 썼다.
  위내시경, 대장내시경을 하면서 조직검사까지 하였지만 이상소견을 발견되지 않았다.
  아무 이상이 없다는 의사의 말에도 "의사가 제대로 진단한 것이 맞을까?"하며 불안해하며, 다시 소화기계에 대한 검사 복부 CT, MRI, PET-CT까지 찍어 해달라고 하며, 이상이 없다는 의사의 재진단에도 결국 잠은 잘 수도 없고, 걱정과 불안으로 일도 할 수 없는 상태가 되어 버렸다.

5 다음의 사례를 보고 해당 DSM-5-TR 진단명을 쓰시오.

- 회사원 김OO은 복통과 피로감 증상이 6개월 이상 지속되자 종합병원을 찾았다.
  내과에서 여러검사를 하고, 이상소견이 없자 통증의학과까지 전과되어 진료를 보았지만 원인을 찾지 못하였고, 이상소견없음으로 판정받았다.
  "내가 통증이 지속되는데 의사들은 왜 찾지를 못하는 거지? 어딘가 분명히 큰병이 있을 거야."라고 생각하며 다른 병원을 계속 옮겨 다니며 검사를 반복했지만 정상판정을 받고, 정신과에 의뢰되었다.
  복통과 피로감에 대한 몰두와 큰병이 있을꺼란 불안에 잠도 자지를 못하였고, 회사에 결근하는 일도 잦아졌다.

6 인지이론에서 질병불안장애를 일으키는 원인을 설명하시오.

7 질병불안장애 치료시 '의사의 지지와 안심'이 중요한 이유를 설명하시오.

8 다음의 사례를 보고 해당 DSM-5-TR 진단명을 쓰시오.

- 고등학교 2학년 최OO은 학기말고사를 보기 위해 교실에 앉아 답안지를 작성하려 하자 갑자기 손가락을 움직일 수가 없어 시험을 볼 수 없었다. 즉시 병원으로 후송되어 신경과에서 정밀 검사를 받은 결과 정상으로 판정되었다.
  그 후 정신과로 의뢰되어 상담 및 검사를 받은 결과 '신체 증상 및 관련 장애'로 진단을 받았다. 학생은 손가락을 움직일 수 없는 증상에 대하여 걱정을 하지도 않으며 무관심한 태도를 보였다.

9 전환장애 대상자에게서 흔히 발생하는 방어기전(기제) 2가지를 쓰고, 설명하시오.

10 전환장애 대상자에게서 흔히 나타나는 증상 4가지 종류를 서술하시오.

11 전환장애 대상자에게서 나타나는 '만족스러운 무관심'의 개념을 쓰시오.

12 전환장애 대상자에게서 나타나는 '가성경련(히스테리성 간질)'의 개념을 쓰시오.

13 다음의 사례를 보고 해당 DSM-5-TR 진단명을 쓰시오.

- A씨는 55세 여성 환자로 키 162cm, 몸무게는 60kg이며 특별한 만성질환은 없는 것으로 조사되었다.
  2020년 12월 A씨는 왼쪽 다리에서 곪은 부위가 발견돼 수술을 받았다. 2021년 2월엔 영상검사에서는 특별한 병변이 발견되지 않았지만, 끊임없이 참을 수 없는 팔꿈치 통증을 호소해 퇴행조직을 조금 잘라내는 수술을 하였다. 이후에는 넘어졌다고 무릎이 골절되어 수술했으나 알고보니 병원에 입원하고 수술하기 위해 일부러 계단에서 넘어진 것이었다.
  이후에도 8번의 수술과 입·퇴원으로 지친 남편이 아내와 다투는 모습까지 목격되었다.

PART 21

급식 및 섭식장애

1 신경성 식욕부진증
2 신경성 폭식증
3 폭식장애
4 이식증
5 되새김장애
6 회피적/제한적 음식섭취장애

1 신경성 식욕부진증 환자가 갑자기 많은 양의 식사를 할 경우 발생할 수 있는 '영양재개증후군'의 개념과 주요 증상을 설명하시오.

2 다음은 신경성식욕부진증의 진단기준이다. ㉠, ㉡의 빈칸을 채우시오.

신경성 식욕부진증 진단기준 (DSM-5-TR)
A. 필요한 양에 비해 지나친 음식물 섭취 제한으로 연령, 성별, 발달 과정 및 신체적인 건강 수준에 비해 현저하게 (㉠)을 유발하게 된다.
B. 체중이 증가하거나 비만이 되는 것에 대한 (㉡), 혹은 체중 증가를 막기 위한 지속적인 행동. 이러한 행동은 지나친 저체중일 때도 이어진다.
C. 기대되는 개인의 체중이나 체형을 경험하는 방식에 장애, 자기평가에서 체중과 체형에 대한 지나친 압박, 혹은 현재의 저체중에 대한 심각성 인식의 지속적 결여가 있다.

3 신경성 식욕부진증의 '제한형'과 '폭식 제거형'의 특징을 각각 설명하시오.

4 신경성 식욕부진증의 심각도는 경도, 중등도, 고도, 극도로 나뉘어진다. 경도와 중등도의 BMI를 쓰시오.

5 신경성 식욕부진증 대상자를 치료할 때 인지 재구성을 사용한다. 신경성 식욕부진증 대상자의 인지재구성의 예시를 한 가지만 쓰시오.

6 신경성 식욕부진증 대상자의 인지치료 기법의 원칙을 쓰시오.

7 신경성 식욕부진증 대상자에게 급성기에 '운동을 금지해야 하는 이유'를 서술하시오.

8 신경성 식욕부진증 대상자의 '체중을 천천히 증가시켜야 하는 이유'를 서술하시오.

9 신경성 폭식증 대상자에게 나타나는 '러셀징후'의 개념을 쓰시오.

10 신경성 폭식증 대상자에게 나타나는 '치아의 변화'를 쓰시오.

11 신경성 식욕부진증과 신경성 폭식증 대상자의 '자아의 특징'을 각각 서술하시오.

12 신경성 식욕부진증과 신경성 폭식증 대상자의 '체중의 특징'을 각각 쓰시오.

13 신경성 폭식증 대상자의 '폭식삽화의 특징'을 DSM-5-TR 기준으로 2가지 쓰시오.

14 신경성 폭식증 대상자의 '보상행동'에 대해 설명하시오.

15 신경성 폭식증은 폭식과 보상행동은 평균적으로 최소 (㉠)개월 동안 일주일에 (㉡)회 이상 발생한다. ㉠, ㉡의 빈칸을 채우시오.

16 신경성 폭식증과 폭식증의 '폭식행동'의 차이를 설명하시오.

17 다음의 사례를 보고 해당 DSM-5-TR 진단명을 쓰시오.

- 5세인 준수(가명)는 가냘프고 창백한 아이로 빈혈로 입원하였다. 그는 생후 19개월부터 페인트, 석고, 흙, 점토 등을 섭취하였고 여러 차례 입원을 반복하였다.
준수는 엄마는 계획되지 않은 임신으로 결혼하였고, 준수의 아빠는 알코올 중독자이다.
준수의 부모는 경제적 능력이 없어 기초생활수급자로 정부의 지원을 바고 있었다.

18 다음의 사례를 보고 해당 DSM-5-TR 진단명을 쓰시오.

- 7살 아영(가명)이는 음식이 심하게 목에 걸려 질식할 뻔한 일이 있는 후에 부드러운 음식만 먹고, 고기, 밥, 채소는 거의 손도 대지 않았다. 요구르트, 요플레등만 먹고, 엄마가 먹어야한다고 재촉하면, 죽을 한두 숟가락 먹지만 그마저 뱉어내는 일도 많았다. 부모가 억지로 먹일려고 하면 불안증상을 보이고, 음식섭취량이 너무 적어 심한 저체중이며, 또래에 비해 성장도 느려 병원에 오게 되었다.

PART 22

배설장애

1 유뇨증
2 유분증

1 다음은 유뇨증 진단이다. ㉠~㉢의 빈칸을 채우시오.

유뇨증 진단기준 (DSM-5-TR)
A. 침구 또는 옷에 불수의적이든 의도적이든 반복적으로 소변을 본다. B. 이러한 행동은 임상적으로 확연하게 나타나며, 적어도 연속된 (㉠)개월 동안 주 (㉡)회 이상의 빈도로 일어나고, 사회적, 학업적(직업적) 또는 다른 중요한 기능 영역에서 임상적으로 현저한 고통이나 손상을 초래한다. C. 생활연령이 적어도 (㉢)세 이상이다.(또는 이와 동일한 발달수준에 있음) D. 이러한 행동은 물질(예 이뇨제, 항정신병 치료약물)의 생리적 효과나 다른 의학적 상태(예 당뇨, 척수이분증, 발작장애)로 인한 것이 아니다.

2 다음은 유분증 진단이다. ㉠~㉢의 빈칸을 채우시오.

유분증 진단기준 (DSM-5-TR)
A. 부적절한 장소(예 옷, 바닥)에 불수의적이든 의도적이든 반복적으로 대변을 본다. B. 이러한 상황이 적어도 (㉠)개월 동안에 월 (㉡)회 이상 나타난다. C. 생활연령이 적어도 (㉢)세 이상이다.(또는 이와 동일한 발달 수준에 있음) D. 이러한 행동은 물질의 생리적 효과나 변비를 일으키는 기전을 제외한 다른 의학적 상태로 인한 것이 아니다.

PART 23

성관련 장애, 젠더 장애

1 성관련 장애 용어
2 성관련 장애 - 성기능부전
3 성관련 장애 - 변태성욕장애
4 젠더 불쾌감

1 ㉠ 성별 정체성, ㉡ 성정체성, ㉢ 성지향성의 개념을 각각 쓰시오.

2 다음의 진단기준을 보고 해당 DSM-5-TR 진단명을 쓰시오.

A. 다음 중 하나 이상의 증상이 지속되거나 재발되는 어려움이 있다.
  1. 성교 중 삽입통
  2. 성교 중이나 삽입 시도 중 현저한 음부나 질의 통증 혹은 골반통
  3. 질 내 삽입을 예상하거나 질 내 삽입 중이거나 질 내 삽입의 결과로 인한 음부나 질의 통증 혹은 골반통에 대한 현저한 두려움이나 불안
  4. 질 내 삽입의 시도 동안 골반저근의 현저한 긴장 혹은 조임
B. 진단기준 A의 증상은 최소 약 6개월 이상 지속되어야 한다.
C. 진단기준 A의 증상은 개인에게 임상적으로 현저한 고통을 초래한다.
D. 성기능부전은 비성적인 정신질환이나 심각한 대인관계 스트레스(예 파트너의 폭력) 혹은 다른 스트레스 요인으로 더 잘 설명되지 않으며 물질/치료약물의 효과나 다른 의학적 상태로 인한 것이 아니다.

3 다음의 진단기준을 보고 해당 DSM-5-TR 진단명을 쓰시오.

A. 옷을 벗는 과정에 있거나 성행위에 몰입해 있어 눈치채지 못하고 옷을 벗고 있는 사람을 관찰하는 행위를 통한 반복적이고 강렬한 성적 흥분이 성적 공상 성적 충동 또는 성적 활동으로 발현되며 적어도 6개월 이상 지속된다.
B. 개인이 동의하지 않는 사람에 대해 이와 같은 성적 충동에 따라 행동하거나 혹은 이러한 성적 충동이나 성적 공상이 사회적, 직업적, 또는 다른 중요한 기능 영역에서 임상적으로 현저한 고통이나 손상을 초래한다.
C. 이러한 성적 흥분을 경험하거나 성적 욕구에 따라 행동하는 개인은 적어도 18세 이상이어야 한다.

4 다음의 진단기준을 보고 해당 DSM-5-TR 진단명을 쓰시오.

A. 눈치채지 못한 사람에게 성기를 노출하는 행위를 통한 반복적이고 강렬한 성적 흥분이 성적 공상, 성적 충동 또는 성적 행동으로 발현되며 적어도 6개월 이상 지속된다.
B. 개인이 동의하지 않는 사람에 대해 이러한 성적 충동에 따라 행동하거나, 이러한 성적 충동이나 성적 공상이 사회적, 직업적, 또는 다른 중요한 기능 영역에서 임상적으로 현저한 고통이나 손상을 초래한다.

5 다음의 진단기준을 보고 해당 DSM-5-TR 진단명을 쓰시오

A. 동의하지 않은 사람에 대한 접촉, 문지르는 행위를 통한 반복적이고 강렬한 성적 흥분이 성적 공상, 성적 충동 또는 성적 행동으로 발현되며 적어도 6개월 이상 지속된다.
B. 개인은 동의하지 않는 사람에게 이러한 성적 충동에 따라 행동하거나, 이러한 성적 충동이나 성적 공상이 사회적, 직업적, 또는 다른 중요한 기능 영역에서 임상적으로 현저한 고통이나 손상을 초래한다.

6 다음의 진단기준을 보고 해당 DSM-5-TR 진단명을 쓰시오

A. 사춘기 이전의 아동들(일반적으로 13세 이하)을 상대로 한 성적 활동을 통해 반복적이고 강렬한 성적 흥분이 성적 공상, 성적 충동 또는 성적 행동으로 발현되며 적어도 6개월 이상 지속된다.
B. 개인은 이러한 성적 충동에 따라 행동하거나, 이러한 성적 충동 혹은 성적 공상이 현저한 고통이나 대인관계의 어려움을 초래한다.
C. 이러한 개인은 연령이 적어도 16세 이상이어야 하며 진단기준 A에 언급된 아동이나 아동들보다 적어도 5세 연상이어야 한다.
  주의점: 12세 또는 13세의 아동과 지속적인 성행위를 맺고 있는 청소년 후기의 개인은 포함하지 않는다.

7 다음의 진단기준을 보고 해당 DSM-5-TR 진단명을 쓰시오.

A. 무생물의 물체를 이용하거나, 성기가 아닌 신체 부위에 상당히 특정한 집착을 함으로써 반복적이고 강렬한 성적 흥분이 성적 공상, 성적 충동, 또는 성적 행동으로 발현되며 적어도 6개월 이상 지속된다.
B. 이러한 성적 공상, 성적 충동 또는 성적 행동이 사회적 직업적 또는 다른 중요한 기능 영역에서 임상적으로 현저한 고통이나 손상을 초래한다.

8 다음의 진단기준을 보고 해당 DSM-5-TR 진단명을 쓰시오.

A. 옷 바꿔 입기로부터 반복적이고 강렬한 성적 흥분이 성적 공상, 성적 충돌 혹은 성적 행동으로 발현되며 적어도 6개월 동안 지속된다.
B. 이러한 성적 공상, 성적 충동 혹은 성적 행동이 사회적, 직업적, 또는 다른 중요한 기능 영역에서 임상적으로 현저한 고통이나 손상을 초래한다.

9 다음의 진단기준을 보고 해당 DSM-5-TR 진단명을 쓰시오.

17세 고등학생 현철(가명)이는 출생시 남성으로 지정되었지만, 어릴 때부터 본인은 여자라고 생각하여 로봇, 총 등의 장난감에 거부반응을 보였고, 남자아이처럼 하라는 부모의 말에도 늘 어색하고 고통스러웠으며, 거울을 보면 내몸이 아닌 것 같다는 감정을 자꾸 느꼈다고 한다. 사춘기가 되면서 목소리가 굵어지고 체모가 자라면서 본인 몸이 끔찍하다고 느껴 자해를 하고 싶다는 생각이 들었다. 여자가 되고 싶은 충동은 끊임없이 계속 지속되었다.

PART 24

신경인지장애

1 섬망
2 주요 신경인지장애
3 경도 신경인지장애 (Mild Neurocognitive Disorder, MCI)

1 다음의 진단기준을 보고 해당 DSM-5-TR 진단명을 쓰시오.

A. 환경에 대한 인식 감소를 동반한 주의의 장애(즉, 주의를 기울이고, 집중, 유지 및 전환하는 능력 감소)와 의식의 장애(환경에 대한 지남력 감소)
B. 장애는 단기간에 걸쳐 발생하고(대개 몇 시간이나 며칠), 기저 상태의 주의와 의식으로부터 변화를 보이며, 하루 경과 중 심각도가 변동하는 경향이 있다.
C. 부가적 인지장애 (예 기억 결손, 지남력장애, 언어, 시공간 능력 또는 지각)
D. 진단기준 A와 C의 장애는 이미 존재하거나, 확진되었거나, 진행 중인 다른 신경인지장애로 더 잘 설명되지 않고, 혼수와 같이 각성 수준이 심하게 저하된 상황에서는 일어나지 않는다.
E. 병력, 신체 검진 또는 검사 소견에서 장애가 다른 의학적 상태, 물질 중독이나 금단(즉, 남용약물 또는 치료약물로 인한) 또는 독소 노출로 인한 직접적·생리적 결과이거나, 또는 다중 병인 때문이라는 증거가 있다.

2 다음의 진단기준을 보고 해당 DSM-5-TR 진단명을 쓰시오.

A. 1개 이상의 인지 영역(복합적 주의, 집행 기능, 학습과 기억, 언어, 지각-운동 또는 사회 인지)에서의 인지저하가 이전의 수행 수준에 비해 현저하다는 증거는 다음에 근거한다.
   1. 환자, 환자를 잘 아는 정보제공자 또는 임상의가 현저한 인지 기능 저하를 걱정
   2. 인지 수행의 현저한 손상이 가급적이면 표준화된 신경심리 검사에 의해, 또는 그것이 없다면 다른 정량적 임상평가에 의해 입증
B. 인지 결손은 일상 활동에서 독립성을 방해한다.
   (즉, 최소한 계산서 지불이나 치료약물 관리와 같은 일상생활의 복잡한 도구적 활동에서 도움을 필요로 함)
C. 인지 결손은 오직 섬망이 있는 상황에서만 발생하는 것이 아니다
D. 인지 결손은 다른 정신질환(예 주요우울장애, 조현병)으로 더 잘 설명되지 않는다.

3 다음의 진단기준을 보고 해당 DSM-5-TR 진단명을 쓰시오.

A. 1개 이상의 인지 영역(복합적 주의, 집행 기능, 학습과 기억, 언어, 지각-운동 또는 사회 인지)에서 인지 저하가 이전의 수행 수준에 비해 경미하게 있다는 증거는 다음에 근거한다.
   1. 환자, 환자를 잘 아는 정보 제공자 또는 임상의가 경도 인지 기능 저하를 걱정
   2. 인지 수행의 경미한 손상이 가급적이면 표준화된 신경심리 검사에 의해, 또는 그것이 없다면 다른 정량적 임상평가에 의해 입증
B. 인지 결손은 일상 활동에서 독립적 능력을 방해하지 않는다.
   (예 계산서 지불이나 치료약물 관리와 같은 일상생활의 복잡한 도구적 활동은 보존되지만 더 많은 노력, 보상 전략 및 조정이 필요할 수 있다).
C. 인지 결손은 오직 섬망이 있는 상황에서만 발생하는 것이 아니다.
D. 인지 결손은 다른 정신질환(예 주요우울장애, 조현병)으로 더 잘 설명되지 않는다.

PART 25

수면-각성 장애

1 수면의 이해
2 수면각성장애
3 사건수면
4 호흡곤란 수면장애
5 일주기리듬 수면-각성장애 진단기준 (DSM-5-TR)

1 다음에서 설명하는 물질의 명칭을 쓰시오.

- 세로토닌의 전구물질로 수면의 효과 가져오며, 서파수면을 증가시킴

2 다음에서 설명하는 수면단계(구조)를 쓰시오.

- 2단계 수면단계로 심박동수, 호흡수 감소, 쉽게 각성되며, 10~20분 지속됨
- 전체수면의 45~55%를 차지함

3 다음에서 설명하는 수면단계(구조)를 쓰시오.

- 가장 깊은 수면단계
- 깨어날려면 상당한 자극이 필요함 (깨기가 어려움)
- 진폭이 크고 느린 델타파가 나타남
  → 서파수면, 델타수면이라고도 불리움
- 각성시에 비해 현저히 낮은 활력징후
- 신체회복에 많은 도움

4 다음에서 설명하는 수면단계(구조)를 쓰시오.

- 각성상태와 유사한 매우 활동적인 뇌기능과 생리적 기능이 특징임
- 수면 후 90분이 지나면 발생하고, 10분 이상 지속되지는 않음
- 수면 후반기 1/3 시기에 일어남
- 뇌파활동이 활발함
- 생생한 꿈 (80%는 꿈)
- 활력징후 증가(혈압, 맥박, 호흡의 증가) 또는 변동
- 자율신경계 항진으로 음경발기
- 근육 긴장도는 가장 감소 : 신체 움직임이 없음
- 낮동안 학습한 정보를 정리, 기억저장 등 정신기능 회복
- 전체수면의 20~25% 차지

5 노인에서 증가되는 수면단계(구조)와 감소되는 수면단계(구조)를 각각 쓰시오.

6 노인에서 감소되는 '수면효율성'의 개념을 쓰시오.

7 다음은 수면진단을 위한 수면다원검사이다. ㉠~㉢의 빈칸을 채우시오.

- 3가지 요인은 뇌파, (㉠), (㉡)이며, 수면의 발현, 진행, (㉢)를 상세하게 사정하는 검사이다.

8 일시적 불면증이 만성적 불면증이 되는 이유 3가지를 서술하시오.

9 Zolpidem 수면제의 기전과 효과를 각각 서술하시오.

10 Zolpidem의 부작용을 3가지 이상 쓰시오.

11 수면위생의 개념을 쓰시오.

12 수면위생 교육에 대해 5가지 이상 쓰시오.

13 수면에 도움이 되는 음식으로는 바나나, 우유 등이 있다. 이 음식들의 성분 중 수면에 도움이 성분 1가지를 쓰시오.

14 불면증 치료로 긴장이완훈련으로 아우토겐(Autogen) 훈련이 대표적이다. 아우토겐 훈련의 개념과 원리를 쓰시오.

15 다음은 멜라토닌에 대한 설명이다. ㉠~㉢의 빈칸을 채우고, 멜라토닌의 기능을 서술하시오.

- 멜라토닌은 뇌 (㉠)에서 분비되며, (㉡)환경에서 억제되며, (㉢)환경에서 분비된다.

16 불면증 치료시 광선치료의 효과를 쓰시오.

17 다음에서 설명하는 불면증의 유형을 쓰시오.

㉠ 정상인의 경우 잠드는데 걸리는 시간이 10~15분인데 비해, 30분이상 잠자리에 누워 잠을 이루지 못함
㉡ 예상한 기상시간보다 아침에 일찍 잠에서 깨어 잠을 이루지 못함
㉢ 수면 도중에 자꾸 깨는 시간이 30분 이상으로 중간에 자꾸 깸

18 다음은 불면장애 진단기준이다. ㉠~㉢의 빈칸을 채우시오.

불면장애 진단기준 (DSM-5-TR)

A. 수면의 양이나 질의 현저한 불만족감으로 다음 중 한 가지(또는 그이상) 이상의 증상과 연관된다.
  1. 수면 개시의 어려움(아동의 경우 보호자의 중재 없이는 수면 개시가 어려움으로 나타나기도 함)
  2. 수면 유지의 어려움으로 자주 깨거나 깬 뒤에 다시 잠들기 어려운 양상으로 나타남(아동의 경우 보호자의 중재 없이는 다시 잠들기 어려운 것으로 나타나기도 함)
  3. 이른 아침 각성하여 다시 잠들기 어려움
B. (㉠)이 사회적, 직업적, 교육적, 학업적, 행동적 또는 다른 중요한 기능 영역에서 임상적으로 현저한 고통이나 손상을 초래한다.
C. 수면 문제가 적어도 일주일에 (㉡)회 이상 발생한다.
D. 수면 문제가 적어도 (㉢)개월 이상 지속된다.
E. 수면 문제는 적절한 수면의 기회가 주어졌음에도 불구하고 발생한다.
F. 불면증이 다른 수면-각성장애로 더 잘 설명되지 않으며, 이러한 장애들의 경과 중에만 발생되지는 않는다
G. 불면증은 물질(예 남용약물, 치료약물)의 생리적 효과로 인한 것이 아니다.
H. 공존하는 정신질환과 의학적 상태가 현저한 불면증 호소를 충분히 설명할 수 없다.

19 다음은 과다수면장애 진단기준이다. ㉠~㉢의 빈칸을 채우시오.

과다 수면장애 진단기준 (DSM-5-TR)

A. 주요 수면 시간이 (㉠)시간 이상임에도 불구하고 과도한 졸림(과다수면)을 호소하며, 다음 중 한 가지 이상의 증상을 호소한다.
  1. 동일한 날에 반복적인 수면기를 보이거나 혹은 반복적으로 깜박 잠듦
  2. 하루에 주요 수면 삽화가 9시간 이상 지속되나 피로 해소가 되지 않음(즉, 개운하지 않음)
  3. 갑자기 깬 후에 완전히 각성 상태를 유지하기 어려움
B. 과다수면이 일주일에 (㉡)회 이상 발생하고, 적어도 (㉢)개월 이상 지속된다.
C. 과다수면이 인지적, 사회적, 직업적, 또는 다른 중요한 기능 영역에서 현저한 고통이나 손상을 동반한다.
D. 과다수면이 다른 수면장애로 더 잘 설명되지 않으며, 다른 수면장애의 경과중에만 발생되지는 않는다.
E. 과다수면 물질(예 남용약물, 치료약물)의 생리적 효과로 인한 것이 아니다.

20 기면증의 ㉠ 탈력발작, ㉡ 수면마비, ㉢ 입면환각, ㉣ 수면발작의 개념을 각각 쓰시오.

21 다음은 과다수면장애 진단기준이다. ㉠~㉣의 빈칸을 채우시오.

기면증 진단기준 (DSM-5-TR)

A. 억누를 수 없는 수면 욕구 깜박 잠이 드는 것, 또는 낮잠이 하루에 반복적으로 나타난다. 이런 양상은 (㉠)개월 동안 적어도 일주일에 (㉡)회 이상 발생한다.
B. 다음 중 한 가지 이상이 나타난다.
  1. (a) 또는 (b)로 정의되는 탈력발작이 1개월에 수차례 발생함
    a. 장기간 유병된 환자의 경우, 웃음이나 농담에 의해 유발되는 짧은(수초에서 수분) 삽화의 의식이 있는 상태에서 양측 근육긴장의 갑작스러운 소실
    b. 아동이나 발병 6개월 이내의 환자의 경우, 분명한 감정계기 없이 혀를 내밀거나 근육긴장 저하를 동반한 얼굴을 찡그리거나 턱이 처지는 삽화
  2. 뇌척수액(CSF) (㉢)면역반응성 수치를 이용하여 측정된 (㉢) 결핍
  3. 야간수면다원검사에서 (㉣) 잠복기가 15분 이내로 나타나거나, 또는 수면 잠복기 반복 검사에서 평균 수면 잠복기가 8분 이내로 나타나고 2회 이상의 수면 개시 (㉣)이 나타남

22

다음은 비급속 안구운동 수면 각성장애 진단기준이다. ㉠~㉢의 빈칸을 채우시오.

비급속 안구운동 수면 각성장애 진단기준 (DSM-5-TR)

A. 대개 주요 수면 삽화의 초기 (㉠) 동안에 발생하는 잠에서 불완전하게 깨는 반복적인 삽화가 있고, 다음 중 한 가지 이상이 동반된다.
  1. (㉡) : 수면 동안 침대에서 일어나서 걸어다니는 반복적인 삽화. 수면 중 보행 동안 개인은 무표정하게 응시하는 얼굴을 보이고, 대화하려는 다른 사람의 노력에 비교적 반응을 보이지 않음. 깨우기가 매우 어려움
  2. (㉢) : 돌발적인 비명과 함께 시작되는, 수면 중 급작스럽게 잠이 깨는 반복적인 삽화. 각 삽화 동안 심한 공포와 동공산대, 빈맥, 빈호흡, 발한 같은 자율신경계 반응의 징후가 있고, 삽화 동안 안심시키려는 다른 사람의 노력에 비교적 반응하지 않음
B. 꿈 이미지를 전혀 또는 거의(예 단지 시작적 한 장면) 회상하지 못한다.
C. 삽화를 기억하지 못한다.

23

수면장애 중 ㉠, ㉡의 명칭을 각각 쓰시오.

교 사 : ㉠ "우리아들도 5살인데 잠들고 난 후 서너시간쯤 지나면 깊이 잠든 상태에서 갑자기 울거나 소리를 지르기도 하는데 잠에서 깨면 기억을 못해요."

교 사 : ㉡ 선생님. 우리딸이 다섯 살인데요. 요즘 잠을 자다 울면서 "엄마, 귀신이 쫓아왔어. 창문 밖에 있는데 우리집에 들어오려고 해."라며 하면서 꿈과 현실을 구분하지 못함

24

다음은 악몽장애와 야경증에 대한 차이점을 표로 도식화 한 것이다. ㉠~㉥의 빈칸을 채우시오.
(㉢~㉥은 기억, 지남력, 혼돈의 특징을 각각 쓰시면 됩니다.)

	악몽장애	야경증
수면단계	(㉠)수면	(㉡)단계
기억	(㉢)	(㉣)
깨우기	꿈으로 바로 깸	깨우기 힘듦
지남력, 혼돈	(㉤)	(㉥)

25

다음의 사례를 보고, DSM-5-TR 진단명을 쓰시오.

- 55세 박OO씨는 무언가 쫓기거나 싸우는 꿈을 자주 꾸며, 팔 다리를 휘두르며, 침대에서 일어나는 경우가 많았다.
최근에는 꿈내용이 격렬해져 침대 사이드 램프를 넘어뜨리고, 아내를 때렸다.
아내가 꿈 내용을 물어보니 집에 도둑이 들어와 아내를 구하려고 했다고 한다.

26

다음의 사례를 보고, DSM-5-TR 진단명을 쓰시오.

- 45세 김OO 여성은 밤에 잠들기 직전에 다리가 간지럽거나 찌르는 듯한 불편감이 느껴져 누워서 계속 다리를 움직이게 되어, 수면에 큰 지장을 받게 됨
- 다리를 움직이거나 일어나면, 증상이 완화되나 누우면 다시 증상이 나타나 수면 부족으로 일상생활의 피로감과 우울감이 심해짐

27 다음의 사례를 보고, DSM-5-TR 진단명을 쓰고, 진단유형을 쓰시오.

- 고등학교 2학년 박OO은 새벽 3시가 되어야 잠이 오고, 학교를 가야하기에 아침 7시에는 일어나나, 충분한 숙면을 취하지 못해 학교에 가서도 계속 피곤해한다. 피로가 누적되어 주말이면 오후까지 늦잠을 자는 경우가 많고, 평일에 일찍 잠들려고 노력해도 새벽 3시 이전에는 잠이 오질 않았다.

28 다음의 사례를 보고, DSM-5-TR 진단명을 쓰고, 진단유형을 쓰시오.

- 교대근무를 하는 김OO 간호사는 나이트 근무를 한달이면 6번 정도 한다. 밤 10시부터 아침 7시까지 나이트 근무를 하고, 퇴근 후에 잠을 잘려고 해도 낮동안의 밝은 햇빛과 외부 소음 등으로 깊이 잠들지 못하였다. 이에 피로가 누적되고 일상생활에도 지장을 주게 되었다.

PART 26

성격장애

1 성격장애 개요
2 A군 성격장애
3 B군 성격장애
4 C군 성격장애

1 A군 성격장애는 이상하거나 괴상한 특징을 가지고 있다. A군 성격장애에 해당되는 3가지 성격장애 종류를 쓰시오.

2 B군 성격장애는 극적·연극적임, 감정적·충동적임, 변덕스러운 특징을 가지고 있다. B군 성격장애에 해당되는 4가지 성격장애 종류를 쓰시오

3 C군 성격장애는 걱정·두려움, 불안함의 특징을 가지고 있다. C군 성격장애에 해당되는 3가지 성격장애 종류를 쓰시오

4 다음의 진단기준을 보고 해당 DSM-5-TR 진단명을 쓰시오.

A. 다른 사람의 동기를 악의가 있는 것으로 해석하는 등 타인에 대한 전반적인 불신과 의심이 있으며, 이 패턴은 성인기 초기에 시작되며 여러 상황에서 나타나고 다음 중 4가지(또는 그 이상)로 나타난다.
   1. 충분한 근거 없이, 다른 사람이 자신을 착취하고 해를 끼치고 속인다고 의심함
   2. 친구들이나 동료들의 충정이나 신뢰에 대한 근거 없는 의심에 사로잡혀 있음
   3. 어떠한 정보가 자신에게 나쁘게 이용될 것이라는 잘못된 두려움 때문에 다른 사람에게 비밀을 털어놓기를 꺼림
   4. 그리 악의 없는 말이나 사건에 대해 자신을 비하하거나 위협하려는 숨은 의미가 있는 것으로 해석함
   5. 지속적으로 원한을 품음(즉, 모욕이나 상처줌 혹은 경멸을 용서하지 못함)
   6. 다른 사람에게는 명백하지 않은 자신의 성격이나 평판에 대한 공격으로 인지하고 즉각 화를 내고 반격함
   7. 정당한 이유 없이 배우자나 성행위 파트너의 정조를 반복적으로 의심함

5 다음의 진단기준을 보고 해당 DSM-5-TR 진단명을 쓰시오.

A. 사회적 관계에서 고립되고 대인관계 환경에서 제한된 범위의 감정표현이 만연된 패턴으로 나타나고, 이 패턴이 성인기 초기에 시작되며 다양한 맥락에서 나타나고, 다음 중 4가지(또는 그 이상)에 해당될 때 조현성 성격장애로 진단한다.
   1. 가족의 일원이 되는 것을 포함해서 친밀한 관계를 바라지 않고 즐기지도 않음
   2. 항상 혼자서 하는 행위를 선택함
   3. 다른 사람과의 성적 경험에 대한 관심이 거의 없음
   4. 거의 모든 분야에서 즐거움을 취하려 하지 않음
   5. 일차 친족 이외의 친한 친구가 없음
   6. 다른 사람의 칭찬이나 비난에 무관심함
   7. 감정적 냉정, 냉담, 혹은 단조로운 정동(평평한 감정) 성향을 보임

6 다음의 진단기준을 보고 해당 DSM-5-TR 진단명을 쓰시오.

A. 친밀한 관계를 극심하게 불편해하고 유지할 능력이 부족하며, 인지 및 지각의 왜곡과 행동의 기이성이 특징인 사회적 결함과 대인관계 결함이 만연한 패턴, 이는 성인기 초기에 시작되며 여러 맥락에서 나타나고, 다음 중 5가지(또는 그이상)를 충족한다.
   1. 관계사고(관계망상은 제외)
   2. 행동에 영향을 주며 소문화권의 기준에 맞지 않는 유별난 믿음이나 마술적인 사고를 갖고 있음 (예 미신, 천리안에 대한 믿음, 텔레파시, 아동이나 청소년에서 '육감', '기이한 공상이나 몰두')
   3. 신체적 착각을 포함한 일반적이지 않은 지각 경험
   4. 이상한 생각이나 말을 함 (예 모호하고, 우회적, 은유적, 과장적으로 수식된, 또는 상동적인)
   5. 의심 또는 편집적 사고
   6. 부적절하고 제한된 정동
   7. 이상하거나, 기이하거나, 독특한 행동이나 외모
   8. 일차 친족 이외에 친한 친구나 측근이 없음
   9. 익숙함에도 줄어들지 않고, 자신에 대한 부정적인 판단보다도 편집증적인 공포와 관계되어 있는 과도한 사회적 불안

7 다음의 반사회적 성격장애 진단기준이다. ㉠~㉢의 빈칸을 채우시오.

A. 다른 사람의 권리를 무시하고 침해하는 만연된 패턴이 (㉠)세부터 시작되고, 다음 중 3가지(또는 그이상)를 충족한다.
   1. 체포의 이유가 되는 행위를 반복하는 것과 같은 법적 행동에 관련된 사회적 규범을 준수하지 않음
   2. 반복적으로 거짓말, 가명 사용, 자신의 이익이나 쾌락을 위해 타인을 속이는 것으로 나타나는 사기성
   3. 충동적이거나, 미리 계획을 세우지 못함
   4. 반복되는 몸싸움이나 폭력으로 나타나는 성마름과 공격성
   5. 자신이나 타인의 안전을 무시하는 무모성
   6. 반복적으로 일관된 업무 태도를 유지하지 못하고, 재정적 의무를 준수하지 못하는 것으로 나타나는 지속되는 무책임성
   7. 다른 사람을 해하거나 학대하거나 다른 사람 것을 훔치는 것을 아무렇지도 않게 여기거나 이를 합리화하는 것으로 나타나는 반성의 결여
B. 최소 (㉡)세 이상이어야 한다.
C. (㉢)세 이전에 품행장애가 시작된 증거가 있다.
D. 반사회적 행동은 조현병이나 양극성장애의 경과 중에만 발생하지 않는다.

8 다음은 경계성 성격장애 진단기준이다. ㉠~㉣의 빈칸을 채우시오.

경계성 성격장애 진단기준 (DSM-5-TR)

대인관계, 자아상 및 정동의 (㉠)과 현저한 (㉡)의 광범위한 형태로 성인기 초기에 시작되며 여러 상황에서 나타나고, 다음 중 5가지(또는 그 이상)를 충족한다.
1. 실제 혹은 상상 속에서 버림받지 않기 위해 미친 듯이 노력함
   (주의점: 진단기준 5번에 있는 자살행동이나 자해행동은 포함되지 않음)
2. 이상화와 평가절하의 극단 사이를 오락가락하는 것을 특징으로 하는 불안정하고 열정적인 대인관계 패턴
3. 정체성 장애 : 현저하게 지속되는 불안정한 자아상 또는 자기감
4. 자신이 손상될 가능성이 있는 최소한 2가지 이상의 경우에서의 충동성 (예 소비, 성행위, 물질 남용, 난폭운전, 폭식)
   주의점: 진단기준 5번에 잇는 자살 행동이나 자해 행동은 포함되지 않음
5. 반복적 자살 행동, 자살 제스처, 자해 위협 혹은 자해 행동
6. 현저한 기분의 반응성으로 인한 감정의 (㉢) (예 격정적인 불쾌감 삽화, 성마름 또는 불안이 보통 수 시간 동안 지속되며 아주 드물게 수 일간 지속됨)
7. 만성적인 (㉣)
8. 부적절하고 격렬하게 화를 내거나 화를 조절하지 못함
   (예 자주 성질을 부리거나 늘 화를 내거나, 몸싸움을 반복함)
9. 일시적이고 스트레스와 관련된 편집성 사고 혹은 심각한 해리 증상들

9 경계성 성격장애 대상자에게 자주 나타나는 인지왜곡 1가지와 방어기전 1가지를 각각 쓰고, 개념을 설명하시오.

10 경계성 성격장애 대상자는 대인관계 불안정성이 특징 중 하나이다. 경계성 성격장애 대상자에서 이상화와 평가절하가 나타나는 이유를 쓰시오.

11 다음의 진단기준을 보고 해당 DSM-5-TR 진단명을 쓰시오.

과도하게 감정적이고 지나치게 주의를 끄는 만연한 패턴으로 성인기 초기에 시작되며, 여러 맥락에서 나타나고 다음 중 5가지(또는 그 이상)을 충족한다.
1. 자신이 관심의 중심에 있지 않는 상황을 불편해함
2. 다른 사람들과의 상호작용은 종종 부적절한 성적 유혹이나 도발적인 행동으로 특징지어짐
3. 감정표현이 피상적이고 빠르게 변함
4. 지속적으로 신체적 외모를 이용하여 자신에게 관심을 유도함
5. 지나치게 인상적이면서 세밀함이 결여된 언어 스타일
6. 자기극화 연극성 그리고 과장된 감정의 표현을 보임
7. 피암시적임 (즉, 다른 사람이나 상황에 의해 쉽게 영향을 받음)
8. 관계를 실제보다 더 가까운 것으로 간주함

12 다음은 자기애성 성격장애 진단기준이다. ㉠~㉢의 빈칸을 채우시오.

> **자기애성 성격장애 진단기준 (DSM-5-TR)**
>
> (㉠), (㉡), (㉢)이 만연된 패턴으로 성인기 초기에 시작되며 여러 맥락에서 나타나고, 다음 중 5가지(또는 그 이상)을 충족한다.
> 1. 자기-중요성에 대한 과대한 느낌을 가짐
>   (예 성취와 능력의 과장, 상응하는 성과 없이도 우수한 것으로 인식 될 것을 기대)
> 2. 무한한 성공, 권력, 명석함, 아름다움, 이상적인 사랑에 대한 환상에 몰두함
> 3. 자신은 '특별'하고 특이해서 또 다른 특별하거나 높은 지위의 사람(또는 기관)만이 자신을 이해할 수 있고 또는 관련해야 한다는 믿음
> 4. 과도한 감탄을 요구함
> 5. 특권의식이 있음 (즉, 특별히 호의적인 대우를 받기를, 자신의 기대에 대해 자동적으로 순응하기를 불합리하게 기대함)
> 6. 대인관계에서 착취적임
>   (즉, 자신의 목적을 달성하기 위해서 타인을 이용함)
> 7. 공감의 결여: 타인의 느낌이나 요구를 인식하거나 확인하려 하지 않음
> 8. 다른 사람을 자주 부러워하거나 다른 사람이 자신을 시기하고 있다는 믿음
> 9. 오만하고 건방진 행동이나 태도

13 다음은 회피성 성격장애 진단기준이다. ㉠~㉡의 빈칸을 채우시오.

> **회피성 성격장애 진단기준 (DSM-5-TR)**
>
> (㉠), 부적절감, 그리고 (㉡)에 대한 예민함이 만연된 패턴으로 성인기 초기에 시작되며 여러 맥락에서 나타나고, 다음 중 4가지(또는 그 이상)를 충족한다.
> 1. 비난, 거부, 거절에 대한 두려움 때문에 의미 있는 대인 접촉과 관련된 직업적 활동을 회피함
> 2. 확실한 호감이 가지 않는 한 사람들과 관계하는 것을 꺼림
> 3. 수치심을 느끼거나 조롱당 할 것에 대한 두려움 때문에 친밀한 관계를 제한함
> 4. 사회적 상황에서 비난하거나 거절당하는 것에 대해 집착함
> 5. 부적절감으로 인해 새로운 대인관계 상황을 제한됨
> 6. 자신을 사회적으로 서툴고, 개인적으로 매력적이지 않으며, 다른 사람들보다 열등하다고 바라봄
> 7. 당황스러움이 드러날까 염려하여 어떤 새로운 일에 관여하거나 개인적인 위험을 감수하는 것을 유별나게 꺼림

14 다음의 사례를 보고, DSM-5-TR 진단명을 쓰시오.

- 33세 여성은 A씨는 70대 어머니와 같이 거주한다. A는 어머니가 정해준 학교에 진학했고, 직장에 취직했다. 친구들도 어머니가 만났으면 하는 친구들과만 교류해왔다. 어머니가 정해준 남자를 만나 결혼을 했으나 오래지 않아 이혼하게 됐다. A는 직장일을 하면서도 하루에 6회 이상 어머니에게 전화해서 사소한 일들을 물어보곤 한다. 어머니와 통화가 되지 않는 상황에 있으면 A는 답답해서 견디기가 어렵다.
  직장에서도 A는 주로 주변 사람의 말을 따르는 편이다. 회의에서 스스로 의견을 내거나 결정하는 일이 없다. 일처리는 성실하고 잘하는 편이고 온화한 편이다. 승진을 해서 중책을 맡았지만, 스스로 결정을 하는 것에 큰 어려움을 느낀다.

15 다음의 사례를 보고, DSM-5-TR 진단명을 쓰시오.

- 중소병원에서 근무하는 수간호사 A씨는 자신의 업무가 완벽하게 수행되어야 직성이 풀린다. 다른 간호사들이 자신과 같이 완벽하지 않은 것을 견디지 못해 간호사들을 수시로 혼내고, 무시할 뿐 아니라 자기마음에 들지 않는 경우 노골적으로 경멸하는 행동을 보인다. 업무에서는 작은 것 하나라도 놓칠까 봐 종일 차트만 보고 간호사들이 빠트린 것이 없는지 확인을 반복한다. 이러한 문제로 간호사들과 갈등이 생겨 근무하는 간호단위가 변경되자 두통이 생겨 병원을 방문하였다.

16 다음의 사례를 보고, DSM-5-TR 진단명을 쓰시오

- 41세 신OO씨(남자)는 다른 사람들이 모두 자신의 할 일도 제대로 못하는 쓸모없는 인간들이라며 무시하고, 자기가 앞장서서 끌고 가기 때문에 회사가 돌아간다고 하며, 항상 자신을 중심으로 모든 것을 해야 직성이 풀린다. 또한 직원들의 의견도 마치 자신이 창조한 것인 양 발표하고, 회의 시 자신의 의견에 대해 동의하지 않거나 이의를 제기하는 직원에게는 불같이 화를 낸다.
  최근 승진에서 탈락하자, 자신을 질투하는 사람들 때문에 승진이 안 되었다고 동료를 욕하다 두통이 너무 심해져 아내의 권유 때문에 정신건강의학과를 방문하였다.

PART 27

자살과 비자살적 자해, 위기간호

1. 비자살적 자해장애
2. 자살단서와 자살행동
3. 자살원인
4. 자살 고위험군과 사정요인
5. 청소년 자살
6. 자살 간호 중재
7. 위기간호
8. 배우자 폭력

1 '비자살적 자해'를 하는 대상자가 이루고자 하는 목적 3가지를 쓸 것 (진단기준 B)

2 비자살적 자해 대상자가 자해를 통해 불안, 분노, 괴로움 등 부정적인 감정이나 생각으로부터 안도감을 느끼는 이유를 쓰시오.

3 자살 징후를 보이는 사람에게 시행해야 하는 중재 4가지를 쓰시오.

4 뒤르켐의 자살 유형 3가지를 쓰고, 각각의 개념을 서술하시오.

5 청소년 자살 특징 중 가장 대표적인 특징 2가지만 쓰시오.

6 청소년의 자살 심리 4가지를 쓰시오.

7 자살위험 대상자에게 하는 중재로 다음에서 설명하는 명칭을 쓰시오.

- 자살하지 않겠다는 계약, 유효기간 명시, 유효기간 지나기전에 재계약 자살 충동이 생기거나 자신을 해할 위험이 있을때는 의료진에게 도움을 청할것이라는 약속 등을 포함

8 자살유가족에게 시행하는 '심리 부검'의 개념을 쓰시오.

9 자살생존자를 돕기 위한 레스닉 재통합 모델은 3단계로 이루어진다. ㉠~㉢의 빈칸을 채우시오. (단계 명칭)

1	㉠	• 자살보고 후 첫 24시간 동안, 죽음에 대한 충격 완화 • 장례, 매장 절차, 자살한 사람의 죽음을 생존해 있는 가족들이나 주변인들이 받아들이도록 돕는 것임
2	㉡	• 자살 생존자들은 죽음을 애도하고 감정을 충분히 표현하도록 함
3	㉢	• 자살 생존자의 자살 경험을 그들의 삶에 통합하도록 도움

10 다음은 위기의 5단계이다. ㉠~㉢의 빈칸을 채우시오. (단계 명칭)

단계	내 용
충격 단계	• 최고의 스트레스를 느끼고 불안, 무력감, 혼돈, 공황이 따르고 이인화의 감정을 느낌
(㉠)	• 충격에서 벗어나 현실감을 느끼는 단계 • 불합리한 행위로 보이며 불안을 상승시키는 시기로서 외부의 도움이 필요함
(㉡)	• 현실감에 의해 다시 손상, 현실부정, 도피 • 많은 대처기전을 사용(투사, 합리화, 부정 등)하는 단계임
승인단계	• 상황에 대해 객관적으로 현실인식, 문제해결 시도 및 위기해결을 위한 계획을 수립함 • 해결이 어려운 경우 불안상승, 자아개념 붕괴 또는 포기, 자살가능성이 발생함
(㉢)	• 재조직과 안정의 시기로서 성공적인 문제해결이 가능하고, 최고의 성숙과 적응수준 도달이 가능한 단계임

11 다음은 워커의 폭력주기이다. 다음에서 설명하는 단계의 명칭을 쓰시오.

- 가해자는 비난, 침묵, 언어적 학대와 낮은 정도의 구타 혹은 신체적 학대를 보이고 작은 자극에도 화를 내지만 이내 곧 사과함
- 피해자는 가해자의 분노가 더 커지지 않게 노력함으로써 그 상황을 피하게 됨
- 피해자는 자신을 향한 상대방의 분노나 폭력을 합리화함

12 다음은 워커의 폭력주기이다. 다음에서 설명하는 단계의 명칭을 쓰시오.

- 다정, 사랑, 뉘우침 또는 협상의 기간임
- 고요함이 특징이며, 가해자는 후회, 사과, 다시는 그러지 않겠다고 약속하며 사랑을 고백하고 선물과 꽃을 사는 등의 로맨틱한 행동을 하기도 함
- 피해자들은 모든 것을 사랑으로 극복할 수 있고, 결국 이번 폭행이 마지막이 될 것이라고 믿음
- 가해자의 문제와 폭력적인 행동을 극복하도록 자신이 도울 수 있다고 생각함

PART 28

정신건강 법적 윤리적 상황

1 개인정보보호와 관련된 법령
2 정신건강증진 및 정신질환자 복지서비스 지원에 관한 법률
  (약칭: 정신건강복지법)
3 정신건강 법적 윤리적상황(입퇴원 기준)

1 다음은 정신건강 법적 윤리적상황(입퇴원 기준)이다. 다음에서 설명하는 입원 종류를 쓰시오.

- 정신의료기관 등(정신의료기관 또는 정신요양시설)에 입원을 요하는 정신질환자 또는 정신건강상 문제가 있는 사람이 입원 또는 입소신청서를 제출하고 입원하는 경우임

2 다음은 정신건강 법적 윤리적상황(입퇴원 기준)이다. 다음에서 설명하는 입원 종류를 쓰시오

- 정신의료기관의 장은 정신질환자 본인의 입원의사와함께 보호의무자 1인 입원 동의를 받아 입원신청서를 받음

3 다음은 동의입원 시 퇴원관련 내용이다. ㉠, ㉡의 빈칸을 채우시오.

- 입원한 날로부터 (㉠)개월마다 퇴원 의사가 있는지를 확인해야 함
- 정신질환자가 보호의무자의 동의없이 퇴원을 신청하고, 정신건강의학과 전문의의 진단결과 환자의 치료와 보호 필요성이 있는 경우에는 퇴원신청을 받은 날로부터 (㉡)시간까지 정신의료기관의 장이 퇴원을 거부할 수 있음

4 다음은 보호의무자에 의한 입원에 대한 내용이다. ㉠~㉢의 빈칸을 채우시오.

- 정신의료기관의 장은 입원이 필요한 경우 정신질환자의 보호의무자 (㉠)명 이상이 신청한 경우로, 입원신청서와 보호의무자임을 알 수 있는 서류제출
- 입원필요성(입원치료 또는 요양을 받을 만한 정도 또는 성질의 정신질환자)과 (㉡) 위험이 있다는 서로 다른 정신건강의학과 전문의 (㉢)명의 일치된 소견(진단)을 받아야 함

5 다음은 특별자치시장·특별자치도지사·시장·군수·구청장에 의한 입원 (행정입원)에 대한 설명이다. ㉠~㉥의 빈칸을 채우시오.

- 정신질환으로 (㉠)이 있다고 의심되는 자를 발견한 정신건강의학과전문의 또는 정신건강요원은 특별자치시장·특별자치도지사·시장·군수·구청장에게 당해인의 진단 및 보호를 신청할 수 있음
- 신청을 받은 특별자치시장·특별자치도지사·시장·군수·구청장은 (㉡)에게 진단을 의뢰해야함
- 증상의 정확한 진단이 필요하다고 인정하면 특별자치시장·특별자치도지사·시장·군수·구청장은 (㉢)주의 기간을 정하여 보건복지부장관이나 지방자치단체의 장이 지정한 정신의료기관에 입원시킬 수 있음
- 입원기간은 최초 입원날로부터 (㉣)개월 이내, ·계속 입원 등이 필요한 경우 서로 다른 정신건강의학과 전문의 2명 일치된 소견이 있어야 함
- 1차 입원 연장은 (㉤)개월 연장가능하며, 이후에는 매 (㉥)개월 마다 연장 가능함

6 다음은 응급입원에 대한 내용이다. ㉠~㉢의 빈칸을 채우시오.

- 정신질환자로 추정되는 자로서 자신 또는 타인을 해를 끼칠 위험이 큰 사람을 끼칠 위험이 큰 사람을 발견한 사람은 그 상황이 매우 급박하여 다른 규정에 의한 입원을 시킬 시간적 여유가 없을 때 (㉠)의 동의를 얻어 정신의료기관에 응급입원을 의뢰할 수 있음
- 이때는 입원에 동의한 (㉡) 또는 (㉢)은 정신의료기관까지 해당 환자를 호송함
- 정신의료기관의 장은 (㉣)일 이내 응급입원을 시킬 수 있음
- 정신건강의학과전문의의 진단이 있는 경우에는 자의입원이나 다른 입원방법을 할 수 있음

PART 29

물질 관련 및 중독 장애

1 물질 관련 및 중독 장애 개요
2 알코올 사용장애
3 카페인 관련장애
4 담배관련 장애
5 아편계
6 진정제, 수면제 또는 항불안제
7 자극제
8 환각제
9 대마제제
10 흡입제
11 기타물질
12 물질 남용 약물치료
13 비물질 관련 장애
14 청소년 물질 중독

1 다음의 사례를 보고, 물질 중독시 발생할 수 있는 증상의 명칭을 쓰시오.

- 펜타닐 패취를 사용하다 갑자기 중단하면 더 강력한 통증에 시달리게 되며, 통증뿐 아니라 수면장애, 설사, 구토, 손발 떨림 등의 증상이 발생한다.

2 다음의 사례를 보고, 물질 중독시 발생할 수 있는 증상의 명칭을 쓰시오.

- 고등학교 2학년 지수(가명)는 최근 살이 많이 쪄서 다이어트약으로 불리는 펜터민(일명 나비약)을 복용하고는 입맛이 없고, 밤에 잠도 안와서 일주일에 3kg 이상이 빠졌다.
- 불면증이 심해져 약을 중단했더니 약물을 지속하고자 하는 심리적 욕구가 강하게 나타났다.

3 다음의 사례를 보고, 물질 중독시 발생할 수 있는 증상의 명칭을 쓰시오.

- 벤조디아제핀계를 장기간 복용한 후 중단했을 때 불면증, 근육경련 등의 금단증상이 나타나 이런 신체적 불편감을 피하기 위해 다시 벤조디아제핀계 약물을 사용하는 경우이다.

4 다음의 사례를 보고, 물질 중독시 발생할 수 있는 증상의 명칭을 쓰시오.

- 코카인을 흡입하는 20대 남성 A씨는 처음에는 하루 1~4번 정도만 흡입해도 쾌감, 집중력 증가, 의욕 증가 등이 나타났으나 이후에는 더 많은 양을 사용해야 쾌감이 나타남

5 다음의 사례에서 설명하는 개념의 명칭을 쓰시오.

- 부탄 가스 등 원래 목적을 위해 사용하는 것이 아닌 일시적으로 기분을 좋게 하기 위해 사용하는 경우를 뜻함
- 본드를 쾌감, 환각을 위해 사용하는 경우임

6 물질 중독 개념 중 '내성'의 개념을 쓰시오.

7 물질 중독 개념 중 '교차내성'의 개념을 쓰시오.

8 물질 중독 개념 중 '금단증상'의 개념을 쓰시오.

9 물질 중독 개념 중 '신체적 의존'의 개념을 쓰시오.

10 물질 중독 개념 중 '심리적 의존'의 개념을 쓰시오.

11 물질 중독 개념 중 '입문약물'의 개념을 쓰시오.

12 물질 중독 개념 중 '물질오용'의 개념을 쓰시오.

13 물질 중독 개념 중 '물질남용'의 개념을 쓰시오.

14 환각제를 사용 하다 중단 시 나타나는 '플래시백'의 개념을 쓰시오.

15 다음은 물질사용장애 진단기준(DSM-5-TR)이다. ㉠~㉣의 빈칸을 채우시오.

- 물질사용장애 진단기준(DSM-5-TR)은 (㉠), (㉡), 위험한 사용, 약물학적 진단기준으로 구성되며, 지난 (㉢)개월 동안 최소한 (㉣)개 이상으로 나타난다.

16 마약류에 대한 WHO 정의를 서술하시오.

17 다음은 알코올 산화단계이다. ㉠~㉢의 빈칸을 채우시오.

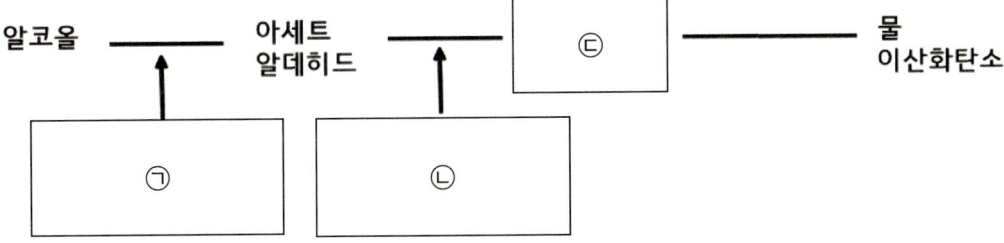

18 알코올 중독시 나타날 수 있는 알코올 중독 증상을 모두(6가지) 쓰시오.

19 알코올 금단 섬망(진전 섬망)의 개념을 쓰시오.

20 알코올 금단증상(DSM-5-TR 기준)을 4가지 이상 쓰시오.

21 알코올 환각의 증상을 쓰시오.

22 알코올로 유발된 베르니케 뇌증은 (㉠)의 결핍으로 나타난다. ㉠의 빈칸을 채우시오.

23 베르니케 뇌증의 증상을 쓰시오.

24 코르사코프 뇌증(코르사코프 정신병)의 대표적인 주요 증상 2가지를 쓰시오.

25 카페인을 지속적으로 장기간 복용하다 중단하였을 때 나타나는 카페인금단증상(DSM-5-TR) 5가지를 쓰시오.

26 다음은 카페인 관련 내용이다. ㉠~㉢의 빈칸을 채우시오.

- 알칼리성이며 (㉠) 유도체 계열의 중추신경계 (㉡)제 이다.
- (㉢) 수용체 길항제로 혈관수축으로 혈압상승, 심박동수 증가, 이뇨작용 등이 있다.

27 카페인 중독증상을 DSM-5-TR 기준으로 6가지 증상을 모두 쓰시오.

28 담배 금단증상을 DSM-5-TR 기준으로 7가지 증상을 모두 쓰시오.

29 담배(니코틴)은 (㉠)의존이 강해, 담배의 해로움을 하는 데도 끊기다 힘들다. ㉠의 빈칸을 채우시오.

30 다음은 아편계 중독 DSM-5-TR 진단기준이다. ㉠~㉢의 빈칸을 채우시오.

아편계 중독 진단기준 (DSM-5-TR)
A. 최근의 아편계 사용이 있다.   B. 아편계를 사용하는 동안, 또는 그 직후에 임상적으로 현저한 문제적 행동 변화 및 심리적 변화가 발생한다. (예 초기 다행감에 뒤따르는 무감동, 불쾌감, 정신운동 초조 또는 지연, 판단력 손상)   C. 아편계를 사용하는 동안, 또는 그 직후에 나타나는 (㉠)와 다음 징후 혹은 증상 중 한 가지 (혹은 그 이상)가 나타난다.   1. (㉡)   2. 불분명한 언어   3. (㉢) 손상   D. 징후 또는 증상은 다른 의학적 상태로 인한 것이 아니며, 다른 물질 중독 및 금단을 포함하는 다른 정신질환으로 더 잘 설명되지 않는다.

31 다음은 아편계 관련 내용이다. ㉠~㉣의 빈칸을 채우시오.

- 아편계는 중추신경(㉠)제이며, 진통효과, 진정효과, 다행감, 기분고양, 불안감소 등의 효과가 나타난다.
- 아편계 금단증상으로 불쾌기분, (㉡), (㉢), (㉣), 동공산대, 입모, 발한 증가, 설사, 하품, 발열, 불면이 나타난다.

32 다음은 진정제, 수면제 또는 항불안제 중독 진단기준이다. ㉠~㉢빈칸을 채우시오.

진정제, 수면제 또는 항불안제 중독 진단기준 (DSM-5-TR)

A. 최근의 진정제, 수면제 또는 항불안제 사용이 있다.
B. 진정제, 수면제 또는 항불안제를 사용하는 동안, 또는 그 직후에 임상적으로 현저한 부적응적 행동 변화 및 심리적 변화가 발생한다.(예 부적절한 성적 또는 공격적 행동, 기분 가변성, 판단력 손상)
C. 진정제, 수면제 또는 항불안제를 사용하는 동안 또는 그 직후에 다음 징후 혹은 증상 중 한가지 (혹은 그 이상)이 나타난다.
  1. 불분명한 언어   2. (㉠)
  3. 불안정한 보행   4. (㉡)
  5. (㉢)   6. 혼미 또는 혼수
D. 징후 또는 증상은 다른 의학적 상태로 인한 것이 아니며, 다른 물질 중독을 포함한 다른 정신질환으로 더 잘 설명되지 않는다.

33 진정제, 수면제 또는 항불안제 금단증상(DSM-5-TR) 5가지 이상 쓰시오.

34 다음에서 설명하는 자극제의 종류의 명칭을 쓰시오.

- 원래는 ADHD나 비만증 치료제로 사용하였으나, 최근 청소년들이 시험기간에 잠을 쫓기 위해 사용하며, 성욕과 쾌감의 목적, 다행감의 효과를 얻기 위해 사용하기도 함
- 중독 증상으로 정신운동 초조, 체중감소의 증가, 심부정맥, 혼돈, 동공확장, 발작 등이 나타나기도 함

35 자극제 금단증상(DSM-5-TR) 5가지 쓰시오.

36 환각제 중독의 증상을 쓰시오.

37 다음은 대마제제에 대한 설명이다. 옳은 것만을 고르시오.

　㉠ 대마제제는 내성이 강하다.
　㉡ 대마제제는 신체적 의존이 심하다.
　㉢ 대마제제는 심리적 의존이 있다.
　㉣ 중추신경 억제제이다.
　㉤ 중추신경 흥분제 또는 중추신경 억제제이다.

38 대마제를 만성적으로 다량 사용시 나타나는 '무동기 증후군'에 대해 설명하시오.

39 흡인제 사용시 중독증상을 모두 쓰시오.

40 다음에서 설명하는 물질 종류의 명칭을 쓰시오.

- 암페타민의 흥분성 효과와 메스칼린의 환각작용이 있는 것으로 알려진 클럽 약물(club drug)임
- 다양한 모양과 색깔의 알약으로 복용이 쉽고 오래도록 사용하면 혼란 상태, 불안, 수면 문제, 충동 통제의 감소와 기억 및 주의집중의 저하가 초래될 수 있음

41 아편(마약) 급성 중독시 사용하는 아편 길항제의 명칭을 쓰시오.

42 청소년 물질중독이 성인보다 더 위험한 이유를 서술하시오.

43 마약류 사용으로 인한 청소년의 심리적·정서적 어려움을 모두 쓰시오.

2026학년도 김이지 보건임용 인출노트

정신간호학 02

초판 1쇄 발행 2025년 04월 28일

편저 김이지
발행인 공태현 **발행처** (주)법률저널
등록일자 2008년 9월 26일 **등록번호** 제15-605호
주소 151-862 서울 관악구 복은4길 50 (서림동 120-32)
대표전화 02)874-1144 **팩스** 02)876-4312
홈페이지 www.lec.co.kr
ISBN 979-11-7384-029-6 (13510)
정가 17,000원